Herbert Albrecht
Bremer
Bauten und Denkmäler

Herbert Albrecht

Bremer Bauten und Denkmäler

VERLAG
HEINRICH DÖLL
BREMEN

Monographien
der Wittheit zu Bremen
Band 13

Verlag Heinrich DÖLL & Co., Bremen

Herstellung: Buchdruckerei Loibl, Neuburg/Donau
Gestaltung: Jobst von Harsdorf
ISBN 3-920245-51-2

Inhalt

Vorwort des Herausgebers

Wir erleben ein wachsendes öffentliches Bewußtsein für die Stadtentwicklung mit dem Ziel der Bewahrung der Stadt als Lebensraum. Dieser Anspruch der Bürger, verbunden mit den Ergebnissen der Diskussionen über den Denkmalsschutz im Jahre 1975, hat den Vorstand der Wittheit zu Bremen veranlaßt, die vorliegenden Betrachtungen von Herbert Albrecht den Freunden Bremens – darüber hinaus aber allen, die aus Berufung und Engagement sich für tradierte Stadtstrukturen einsetzen – als Monographie vorzulegen.

Die kritische Auseinandersetzung des Autors mit dem häufig faszinierenden, manchmal aber auch erschreckenden Gegensatz alter und neuer Architektur, der Wechsel zwischen historisch-philosophischer und realistischer Betrachtungsweise und das ausgewählte Bildmaterial mögen Anregung sein, nicht nur mit erhöhter Aufmerksamkeit sich diese Stadt von heute mit ihrer großen historischen Vergangenheit anzusehen, sondern auch – den Gedankengängen des Autors folgend – sich mit den Strömungen der Architektur zu beschäftigen.

Die Bauten und Denkmäler spiegeln nicht nur die Funktion und die wirtschaftliche Position der Stadt wider, sondern sie sind über Jahrhunderte Zeugnis vom Geist und von den Lebensformen der Menschen, die in und mit ihnen wohnen und arbeiten.

Am Beispiel Bremens soll dies hier demonstriert werden.

Bremen, im September 1979

Hanspeter Stabenau
Präsident der WITTHEIT ZU BREMEN

Zu diesem Buch

Diese Sammlung von etwa vierzig Aufsätzen erstreckt sich über einen Zeitraum von mehr als zehn Jahren. Die hier vorgelegten Aufsätze enthalten Stellungnahmen zu Fragen der Architektur und der öffentlichen Denkmäler – zu dem also, was man heute »Kunst im öffentlichen Raum« nennt.

Die meisten Aufsätze wurden in ihrer ursprünglichen Form hier wiedergegeben. Einige erhielten Ergänzungen, da bei den Tageszwängen, denen die Zeitungsmacher unterliegen, Kürzungen oft unvermeidlich waren, was manchmal zur Entstellung führte. Der aufmerksame Leser wird leicht bemerken, daß in einzelnen Fällen der Verfasser sein Urteil revidierte – fast immer in dem Sinne, daß er ein zu mildes Urteil verschärfte. Das Schreiben für Tageszeitungen zwingt wohl jeden Autor dazu, seine Sprachgewohnheiten mit denen der breiten Öffentlichkeit zu konfrontieren: kritisierend und lernend. Ich halte diesen Zwang für heilsam, obwohl ich eingestehe, daß er mir manchmal – hinsichtlich der Verwendung von Fremdwörtern – eher lästig erschien. Ich halte Fremdwörter für unentbehrlich, da sie, selbst wo ein ähnlicher deutscher Ausdruck vorhanden scheint, oft eine andere und wichtige Unterscheidung beibringen. Es scheint trivial zu sein, daß man auf sie verzichten sollte, wo ein deckungsgleicher deutscher Ausdruck zur Verfügung steht. Nur: oft wird ein deutscher Ausdruck weniger verstanden als ein inzwischen geläufig gewordenes Fremdwort. Man muß sich heute wohl damit abfinden, daß in einer zusammenwachsenden Welt mit überall ähnlichen Aufgaben und Lösungen auch die Sprachmittel ausgetauscht werden, und unter ihnen als ersten die Wörter.

Inhaltlich wurde in den meisten Beiträgen versucht, die Fachsprache in die allgemeine Umgangssprache zu übertragen oder, wo möglich, sie durch den Textzusammenhang zu erläutern. Damit werden Vorgänge und Tatsachen allgemein zugänglich gemacht, deren Bedeutung – wie immer im Bereich der Architektur, des Städtebaus und der Kunst im öffentlichen Raum – die private Sphäre des »Kunstgenusses« übersteigt. Daraus ergeben sich immer wieder allgemeinere Reflexionsvorgänge, die die Fragen der Ästhetik mit den Fragen einer öffentlichen Moral in Verbindung bringen. Das scheinbar rein soziologische Thema von »Privatheit« und »Öffentlichkeit«, wie es maßgeblich von Hans Paul Bahrdt behandelt wurde, wird damit in die Dimension der urbanen Geselligkeit und Freiheit weitergeführt, die für das Verständnis und die Überwindung der aktuellen Szene von Terror und Verbrechen grundlegende Bedeutung haben. Daß »Ästhetik« eine öffentliche Funktion hat, daß sie Raum geben muß dem Gespräch und der vernünftigen Diskussion (die die heute so lustig Diskutierenden ja erst einmal lernen müssen) – das sollte in einem Städtebau und einer Architektur wirksam werden, die in ihrer Gestalt sich weniger an funktionalen Überlegungen orientieren, als an der Gestalt der Straßen und Plätze unserer Städte als öffentlicher Foren. Man kann keine demokratische Öffentlichkeit fordern, ohne ihr die Räume zur Verfügung zu stellen, die dem Gespräch dienen und das auch ohne Tafeln und Hinweise »aussprechen«. Auch der vielgelästerte »Geschmack« (hier nicht als kulinarisches Vehikel verstanden) hat als zivilisierte Umgangsweise unter vernünftigen Bürgern nicht nur eine ästhetische Funktion, sondern unmittelbar eine moralische, weniger durch einen orthodoxen Kodex festlegbare, als im praktischen Umgang sich vollziehende. Wer romanische Länder kennt und wenigstens eine romanische Sprache spricht, der wird das ganz unmittelbar in »Fleisch und Blut« erfahren haben: hier zeigt sich der nicht nur »praktische«, sondern »sittigende« und Öffentlichkeit schaffende Sinn des Erlernens von Fremdsprachen. Und auch Architektursprachen können gelernt werden, wiewohl sich diese Sprachen glücklicherweise meist in einer gewissen Unmittelbarkeit verständlich machen – und damit über Zeiten und die Empfindungsunterschiede der Völker hinaus wirksam werden können. Ich habe es immer als grundlegenden Sinn kritischer Arbeit verstanden, die Sprache der Künste als eine allgemeine moralische Sprache verständlich zu machen. Man spricht in dieser Hinsicht dann schnell von der »gesellschaftlichen Kompetenz« von Kunst und der Bemühungen um Kunst. Dieser miserable wissenschaftliche Slogan (hier ist eben das Fremdwort unersetzlich!) verdeckt nur die vielen unbequemen Tatsachen, daß in aller Kunst, in aller ästhetischen Gestik überhaupt ein die »Realität« transzendierendes Moment sich ausdrückt, das menschliches Dasein erst zu menschlicher Existenz macht. Schiller verstand das Theater als moralische Anstalt und Bert Brecht war mit seinem epischen Theater nicht eben fern dieser Position. Was »dem Vergnügen der Einwohner« dient, kann sehr wohl eine weiterreichende Wirkung haben. Nicht in allem ist die Klassik überholt: in vielem ist sie eine Herausforderung, ihre Erfahrungen des Menschlichen in unsere eigene Sprache herüberzuholen. Herüberholen – das ist auch ein Wort für die transzendierenden Akte des alltäglichen Daseins. Am Ende dieses Vorworts muß der Verfasser Dank abstatten für vielfältig zuteil gewordene Hilfe beim Entstehen der Arbeit. Vorab der Wittheit und ihrem Präsidenten, Herrn Dr. H. Stabenau, dem nicht nur die Anregung zur Herausgabe des Buches zu verdanken ist, sondern auch die Unterstützung durch Bereitstellung beträchtlicher Mittel seitens der Wittheit. Dem Direktor der Kunsthalle, Herrn Dr. phil. Günter Busch, ist für die großzügige Überlassung sehr wertvoller Ektachrome für die Reproduktion zu danken. Derselbe Dank gilt Herrn Direktor Edgar Puvogel (Böttcherstraße), der ebenfalls Ektachrome zur Verfügung stellte, darüber hinaus aber das Unternehmen finanziell förderte.

Zuletzt mag darauf hingewiesen sein, daß in den Betrachtungen zur architektonischen Gestaltung der Altstadt insgesamt und bei historischen Gebäuden (Liebfrauenkirche insbesondere) in freier assoziativer Absicht Vignetten eingestreut wurden, die Verfahrensweisen aus dem mittelalterlichen Baubetrieb zeigen — um indirekt darauf hinzuweisen, welch grundlegende Schritte von handwerklichen zu industriellen Methoden in den Jahrzehnten nach dem Zweiten Weltkrieg das Bauwesen und damit auch vielfach die äußere Gestalt der Bauten verändert haben. In diesem Sinne sind diese Vignetten auch im Zusammenhang mit der kritischen Auseinandersetzung mit modernen Bauten zu sehen, die einen Schwerpunkt der Darstellungen dieses Buches ausmachen und auch wohl seine besondere Eigenart bestimmen.

HA

Zum Beispiel Bremen

Ein Spaziergang
von der Schlachte zum Polizeihaus

»Die Zeit ist aus den Fugen« – wer, der den bewußten Blick auf die Irritationen unserer Welt richtet, würde diesem Wort Shakespeares widersprechen wollen? Noch immer, so sagte vor kurzem Werner Hofmann, Direktor der Hamburger Kunsthalle, in einer Ansprache an Journalisten und Kritiker vor der Eröffnung der Ausstellung »Kunst – was ist das?«, fordere man von der Kunst den Blick auf eine geordnete Welt, während um uns herum die Irritationen und Fragwürdigkeiten, die Morde und die Zerstörungen selbstverständlich geworden seien und zum Alltag gehörten. Sei es heute nicht die Aufgabe der Sehenden und Verantwortlichen in allen Bereichen, auch mit den Mitteln der visuellen Künste auf diesen Zustand aufmerksam zu machen, um – das wurde nicht mehr gesagt, aber im Hintergrund angedeutet – ihn zu ändern? Ist Änderung nicht das Gebot der Stunde – ist Irritation mit den Mitteln der Kunst nicht das zu Fordernde, um zu beweisen, daß Kunst längst nicht mehr das Vehikel ist, das uns den Zustand der Ordnung, der von der Klassik noch als »regensreicher Himmeltochter« titulierten, zu suggerieren vermag?

Die Irritation durch »Kunst«

In der Tat, was die Ausstellung dann bot, was sich da in zwölf aufeinander bezogenen Bildkapiteln zeigte, – Kunstwerke »treten für Ideale und Normen ein«, »greifen Ideale und Normen an«, »dienen Macht und Besitz«, »klagen Macht und Besitz an«, »bestätigen den Augenschein«, »verrätseln den Augenschein«, »machen Wunschträme

gegenwärtig«, »stellen der Vernunft eine Falle«, »bezeugen, mahnen und werben«, »nehmen die Welt spielerisch ernst«, »entwerfen Ordnungen«, »sprengen Ordnungen«, erhärtete scheinbar diese Position. Bemerkenswert in dem hier zu erörternden Zusammenhang an dieser nicht nur anregenden, sondern auch aufregenden Ausstellung ist die angesichts der Fülle des Materials wohl meistens nicht bemerkte Tatsache, daß hier der Kunstbegriff freigegeben wird: es wird in den Veröffentlichungen des Hamburger Instituts sogar ausdrücklich davon gesprochen, daß einer »offenen Gesellschaft« ganz selbstverständlich ein »offener Kunstbegriff« entsprechen müsse. Das scheint so plausibel, so beinahe selbstverständlich, daß darüber noch eigens nachzudenken wohl überflüssig sei: so, könnte man annehmen, laute die unausgesprochene Argumentationsfolge der Autoren der Ausstellung.

Die »Offene Gesellschaft«

Nun sieht man schnell, wo dies Konzept seinen Ursprung hat. Einmal in dem zweibändigen Werk von Karl R. Popper »Die offene Gesellschaft und ihre Feinde«, worin das gesellschaftlich-kritische Konzept der Ausstellung wurzelt. Zum anderen in dem ebenso sehr ästhetisch wie philosophisch bestimmten Werk Marcel Duchamps, der zu zeigen versucht hatte, daß Kunst das sei, was man untereinander als »Kunst« vereinbare. Demgemäß schickte er bekanntlich ein Urinoir, von ihm signiert, als »Kunstwerk« auf eine Ausstellung. Später verpackte dann ein bekannter Bildhauer seine Exkremente in Blechdosen, beschriftete und signierte sie und schickte sie ebenfalls in alle Welt – vielleicht in ironischer Absicht. Auf jeden Fall war damals schon das, was man heute die »Kunstszene« nennt, so hinreichend unsicher geworden, um zwischen Ernst und Ironie nicht mehr unterscheiden zu können. Denn, welche Kriterien gab es denn noch für »Kunst«(und gibt es denn über-

haupt »Kunst«, gibt es nicht nur »Künste«, genauer »Kunstwerke«?), wenn sie selbst nur ein Vereinbarungsbegriff ist, aus welchem notwendigerweise der der »Entgrenzung« folgt, der alles das für »Kunst« erklärt, was weder ein nutzbares, aus technischer Herstellung entsprungenes »Wozu-Ding«, noch ein natürlich gewordenes, sondern eben ein zu beliebiger »Mitteilung« produziertes ist. W. Hofmann hat diese Thesen in einem Aufsatz in »Forum heute« (Bibliographisches Institut Mannheim/Wien/Zürich) hinreichend deutlich formuliert.

Dem aufmerksamen Leser muß auffallen, daß Worte wie das »Schöne« oder die »Gestalt« oder die »Struktur« (die moderne Formel für Gestalt) in allen diesen Überlegungen keinen Platz finden: diese Worte, die in mehr oder weniger verwandelter Form das Grundgerüst der klassischen philosophischen Ästhetik abgaben, wie sie von Kant und Hegel bis zu ihren modernen Nachfahren entwickelt worden ist – ja, noch bis hin zu den modernen Strukturalisten, sie fehlen gänzlich. In dieser Hamburger Ausstellung wird in suggestiver Weise ein positivistischer Kunstbegriff propagiert, der nun allerdings den Wald vor lauter Bäumen nicht mehr sieht und damit zugleich die einzigen Kriterien aufgibt, mit deren Hilfe ein Werk der Kunst noch von einem Machwerk zu unterscheiden wäre.

Die Zerstörung der Städte – Zerstörung der Vernunft

In der Tat – mit dem Verzicht auf diese in Jahrhunderten europäischer Zivilisation erarbeiteten Kriterien verzichten wir zugleich auf die durch den Wandel der Jahrhunderte sich durchhaltenden Gestalten unserer Städte und Plätze, unserer Straßen und Häuser, die das »Schöne« und »die Gestalt« zu etwas Sichtbarem und zugleich für alle Verstehbarem, Ablesbarem machen. Damit ist das Thema »Die Zerstörung der Städte« in den universalen Zusammenhang gestellt, in den es gehört. Vielfach ist die heutige, in Deutschland weithin durch den Krieg verursachte Ungestalt unserer Städte den Architekten allein zur Last gelegt worden, die beim vielleicht allzuschnellen Wiederaufbau mitwirkten, vielleicht auch den großen Wohnungsbauunternehmen, deren Organisationskraft allein in der Lage zu sein schien, breiten Bevölkerungsschichten den dringend benötigten Wohnraum zu halbwegs annehmbaren Mieten zu schaffen. Man wird solcher Kritik wohl sicher zum großen Teil Recht geben müssen. Man wird aber, um gerecht zu sein und nicht wieder den Grund für spätere Irrtümer zu legen, auch sagen müssen, daß die demokratische Struktur unseres Gemeinwesens, ohne ihre großen Vorzüge hier leichtfertig zu denunzieren, ganz wesentlich zu dem Chaos beigetragen hat, das weitgehend die Gestalt unserer wiederaufgebauten Städte bestimmt – so daß dann eine nachkommende Denkmalspflege kaum mehr als einige allzu üble Folgen mildern kann. Frank Lloyd Wright, einer der bedeutenden Architekten der Moderne aus der Schule Sullivans, hat einmal ein Buch mit dem Titel »When democracy builds« geschrieben – und er hat das gleichsam als Apotheose auf diese Form politischer Willensbildung gemeint. Aber, man kann den Titel auch als eine ironische Paraphrase verstehen: wenn Demokratie baut, dann sieht das eben am Ende wie das

Turmbau
Lastkran mit Zange

Chaos aus. Warum? Weil in einer Demokratie eigentlich niemand verantwortlich ist, eben, weil der Form nach es alle zugleich sind. Reale Demokratie — um einen Marx-Ausdruck zu verwenden — aber würde voraussetzen, daß »das basale Wissen, das zur Urteilsbildung in diesem Bereich (der Stadtplanung nämlich) nötig ist, in die Hände derjenigen gegeben wird, die es brauchen; allen an dieser Arbeit teilnehmenden Laien also — angesichts der zunehmenden Demokratisierung der Planungsprozesse — vor allem aber auch den Kommunalpolitikern, die in den politischen Entscheidungsgremien wirken, den Pädagogen und den Lehrern der allgemeinbildenden Schulen, die den politischen Unterricht geben« (Aus: Herbert Albrecht »Das programmierte Chaos« — Städteplanung in der Sackgasse, Schünemann Verlag, Bremen). Ich muß zugeben, daß ich diese Lage heute wesentlich pessimistischer sehe. Kann wirklich ein auf breite Grundlagen gestellter Entscheidungsprozeß in der Stadtplanung dieselben Erfolge zeitigen, wie sie die bedeutenden Städteplaner, Künstler und weltlichen und geistlichen Fürsten von der Renaissance bis zum auslaufenden Klassizismus konstatieren durften? Kann der Hinweis auf die überragenden Leistungen des frühkapitalistischen Bürgertums in unseren alten, in Teilen noch von der Gotik gekennzeichneten Städten beschwichtigen? Zu grundlegend verschieden ist die damalige gesellschaftliche Struktur von der heutigen, allseitige Abhängigkeiten schaffenden Industriegesellschaft, als daß ein derartiger Vergleich Hoffnungen erwecken könnte. In einer nicht nur am Rande, sondern entscheidend von ökonomischen Tatsachen geprägten Gesellschaftsentwicklung muß notwendigerweise die Frage der »Form« unserer Städte nicht von ästhetischen, sondern von ökonomischen Kategorien des jeweiligen Nutzens bestimmt sein. Ironiker wandelten Sullivans Satz »form follows function« um in »form follows money». Daran können auch Denkmalspflege und die von den Ämtern aufgezwungenen Schönheitspflästerchen wenig ändern. Andererseits warnt ein Hitler vor den »Erfolgen« der Diktatur ebenso wie Stalin.

Mulde, Becher, Leiter, Gerüst, Kelle

Ein Spaziergang

Architektur und Städtebau werden am besten verstanden, wenn man sie »leibhaftig« erfährt, wenn man die Straßen und Plätze, die Rathäuser, Kirchen und Warenhäuser beim Gang durch die Stadt »ablesen« lernt, wie die Worte, Sätze und Kapitel eines großen Buches, in dem die Geschichte der Menschen eines Gemeinwesens durch die Jahrhunderte hindurch schneller und eindrucksvoller erfahren werden kann, als aus noch so umfangreichen Folianten einer Bibliothek.

Machen wir uns also auf den Weg und wählen wir, weil wir uns nicht tagelang auf den Straßen aufhalten können, einen kurzen Abschnitt aus unserer Stadt, der jedem Bremer bekannt ist. Wandern wir, an der Bürgermeister-Smidt-Brücke beginnend, die Schlachte entlang bis zur Martinikirche und der großen Weserbrücke, wenden wir uns dann in die Balgebrückstraße zur Domsheide, um unseren Spaziergang am Polizeihaus zu beenden.

Bremen ehemals

Aber, bevor wir das tun, wollen wir uns noch die prachtvolle Zeichnung der Weserbebauung ansehen, die unter dem Titel »Die Ansicht der Freien Hansestadt Bremen von der Weser aus in den Jahren um 1840« von Rudolf Stein nach alten Quellen rekonstruiert und erarbeitet wurde. Sie ist als Falttafel Teil seines Buches »Das Bürgerhaus in Bremen«, aus dem so viel zu lernen ist, daß es eigentlich zum Besitz jedes Bremers gehören sollte. Wer nur einmal einen kurzen Blick auf diese sorgfältig mit der Feder durchgearbeitete Zeichnung geworfen hat, wird erschüttert sein, wenn er damit das Bild der Gegenwart vergleicht. Dabei ist nicht einmal die Tatsache, daß damals die Giebelfronten dominierten, das Entscheidende gegenüber dem Chaos des heutigen Zustandes – es gibt auch immer wieder die geraden Traufen der Satteldächer mit nur kleinen Dachgauben – das gestaltsichernde Kriterium ist die Einheit der baulichen Strukturen. Diese ergibt sich aus zweierlei Hauptkriterien: der sich überall durchhaltenden Vertikaltendenz der Einzelfassade (auch bei Traufendach) und die innerhalb weiter Toleranzen zwar schwankenden, doch durch ihre Teilung das menschliche Maß einhaltenden Öffnungsgrößen der Fenster und Portale. Der Wechsel von Wohn- und Kontorhäusern mit überwiegend der Lagerung von Waren dienenden Packhäusern gibt dabei dem ganzen Ablauf der Front von der alten Stephanitorsmühle bis zum Alten Wall und zur Mühle auf dem Alten Wall (wo heute etwa die Kunsthalle steht) den überzeugenden Ausdruck der geistigen und ökonomischen Mitte der Hansestadt. Hier lebte Bremen, hier wurde es nicht nur verwaltet: das sagten diese Folgen von bemerkenswerten Häusern, von denen jedes einzelne heute unter Denkmalsschutz stünde.

Mörtel mischen, Mörtel tragen, loten, Mauerkante kontrollieren

Und wie steht es heute?

Beginnen wir unseren Teilspaziergang also an der Bürgermeister-Smidt-Brücke.

Von der Brücke bis zum Haus »Schlachte Nr. 30«

Gleich zu Eingang dieses Abschnitts schlägt uns ein riesiger, unproportionierter sechsgeschossiger Bürohausblock mit Staffelgeschoß ins Gesicht. Sechs bis sieben Geschosse, das wäre an sich gar nicht einmal so schlimm. Das gab es auch in der früheren Front, wenn auch nur in geringerer Zahl, mit den Giebelgeschossen sogar manchmal acht Geschosse übereinander. Was aber an dem neuen Eckkoloß auffällt, ist die horizontale Schichtung der Fensterbänder, die noch durch die streifenförmige Anordnung von Natursteinbändern unterstrichen wird: so gerät das Ganze, ganz abgesehen von ungelösten Details, aus den Fugen. Als Gestalt verfehlt, zerstört es auch die klassische Folge der Vertikalstrukturen der alten Gebilde. Man soll aber nicht sagen, daß den Architekten die hier genannten Kriterien nicht bewußt gewesen wären: das Haus »Schlachte 31« hebt in seinem neuen Giebel die horizontale Reihung der Fassadenfenster auf, indem es die vorspringenden Stützen lisenen-artig betont. Die zwischen den Stützen sich ausbreitenden Brüstungsfelder in Backstein werden, da ohne konstruktive Bedeutung, in verschiedenartiger Musterung ausgeführt. Das Ganze wirkt neben

Links: Ein Versuch, den Packhauscharakter aufzunehmen
Rechts: »Bremer Nachrichten«, Schlachte 6, 5, 4, 3, 2, 1

den alten Beispielen einigermaßen dürftig und parvenühaft, doch muß man anerkennen, daß hier immerhin der Versuch gemacht wurde, »in der Reihe« zu bleiben, was ja den gut erzogenen, traditionsbewußten Kaufleuten, bei allem Drang zu individueller Unterscheidung, noch selbstverständlich war. Mindestens fügten sie sich einem (möglicherweise von den einzelnen gar nicht verstandenen) überindividuellen Konsensus. Ein miserables Beispiel des Wiederaufbaus nach dem Kriege mit roten Verblendern (1954) liefert dagegen »Schlachte Nr. 30«.

Vom Haus »Schlachte Nr. 31« bis zum Haus »Erste Schlachtpforte/ Martinistraße«

Wie schwer es den Architekten gefallen sein muß, das neue Material Beton in eine architektonische Konzeption einzustimmen, zeigt dann das anschließende Haus »Schlachte 30a«: neben den vertikalen Betonstützen des Giebels gibt es noch kleinste Reste von Backsteinbrüstungen, die besser weggeblieben wären. (Wie man heute bei Geschäftshäusern kleineren Ausmaßes mit Beton angemessen umgehen kann, zeigt das relativ kleine Geschäftshaus in der Bischofsnadel, das von der Firma Hübotter & Co. nach den Plänen des Architekten Volkert Meyer-Burg [Planungskooperative] gebaut wurde.) Anschließend nehmen zwei Häuser den ursprünglichen Packhauscharakter wieder auf. Sie nehmen sich allerdings im Vergleich mit den alten Beispielen ziemlich ungetüm aus und verraten das Ungeschick ihrer Planer. Immerhin ... was dann in den Hausnummern von 29 bis 19 folgt, ist derart unzulänglich, daß selbst jeder Ansatz zu architektonischer Kritik fehlt. Man muß das schweigend übergehen. Etwas besser wird es dann mit der dreigiebligen Hausfolge Schlachte 18 bis 15, dem Domizil der hier früher ansässigen Weinhandlung Bachmann, heute u. a. Sitz des Königl. Dänischen Konsulats. Die Backsteinfassade, im Blockverband gemauert, zeigt entsprechend den drei Giebeln auch drei Zugänge, von denen der eine für Weinanlieferungen bestimmt war. Im Haupteingang und an anderen Stellen zwischen den Giebeln verweisen plastisch gestaltete Natursteinteile auf die Entstehungszeit des Gebäudes: der Jugendstil hat hier noch einmal Pate gestanden. Auf eine hier anschließende größere Baulücke folgt dann der dreiteilige Baukörper der »Bremer Nachrichten«, dessen Trauffassaden in den Fenstergrößen und ihren Teilungen gute Proportionen aufweisen. Das hat durchaus eine an die Vergangenheit anknüpfende Würde. Leider aber ist die Front etwas zu lang, als daß sie den ursprünglichen Rhythmus der Weserfront wieder aufnehmen könnte. Ähnliches gilt für die Fassaden- und Fenstergestaltung des gut proportionierten Hauses der »Dampfschiffahrtsgesellschaft Hansa« (Schlachte 6), wohl die bestgelungene Anknüpfung an die Tradition, zumal der Gesamtkomplex nach der Martinistraße hin zwei ausgezeichnete Giebel aufweist. Ein weiterer wohlgelungener Versuch, die alten Giebelvertikalen wieder aufzunehmen, ist das Geschäftshaus »Schlachte 5/3«, in sehr schöner Fügung des Backsteinmaterials, sinnvoller Natursteinumrahmung der Fenster, die flächenbündig in die Fassade hineingesetzt sind.

Quader aufziehen, Quader versetzen

Links: Drei Giebel der Böttcherstraße
Rechts: Martinistraße 27

Das Haus, das bei veränderter Nutzung statt dreier nur einen Eingang aufweist, aber trotzdem drei Giebel hat (ein gewisser, hier aber hinzunehmender Widerspruch), steht in schlichter Würde da und ist ein ebenso gutes Zeugnis für den Bauherrn wie seinen Architekten (J. Bothe). Leider folgt dann das 1959 errichtete Haus »Schlachte 2« nicht diesem guten Vorbild und zwang durch seine Traufenausbildung seinen Nachbarn, »Schlachte 1«, entsprechend fortzusetzen. Dieser Eckbau »Schlachte/Erste Schlachtpforte 1« ist aber trotzdem ein ausgezeichnetes Äquivalent zum Haus »Schlachte 5/3«, ganz im Gegensatz zu dem Neubau, der sich als Geschäftshaus des Einrichtungshauses Harry Willems daran unmittelbar anschließt. Hier wird ein Musterbeispiel für zugleich teure und angeberische, ästhetisch mißlungene Materialverwendung geliefert: die dunklen, in der Oberfläche aufgerauhten Hartbrandsteine stehen in einem schroffen unausgeglichenen Gegensatz zu den hellgrauen Marmorbändern, die die horizontal verlaufenden Fensterbänder unterstreichen. Die an dieser Stelle bis dahin mit dem Eckbau und dem gegenüberliegenden Komplex der Martinikirche noch gut aufrecht erhaltene strukturelle architektonische Einheit wird mit diesem Eckbau »Erste Schlachtpforte/Martinistraße« zerschlagen.

Gerade an dieser Stelle – angesichts der gotischen Giebelfolgen der Martinikirche – wird noch einmal bewußt, was verloren wurde und was durch einzelne wohlgemeinte und teilweise sogar gelungene Lösungen als Ganzes nicht wieder zurückgeholt werden kann. Restauration ist ohnehin nie ein hinreichender Ersatz für ein Altes – und das heißt auch als weiter »erzahlte« Geschichte in Bauwerken – aufnehmende logische Entwicklung in Strukturen unserer Gegenwart. Immerhin ist historisierende Restaurierung noch um Grade besser als der Unverstand gefühllos wütender »Neuerer«.

Von der Martinistraße zur großen Weserbrücke

Setzen wir aber unseren Spaziergang in Richtung Martinistraße zur großen Weserbrücke hin fort. Was unmittelbar an die Martinistraße anschließt, ist ein derartiger architektonischer Greuel, daß jede Einzelanalyse diesem Machwerk zu viel Ehre antäte. Abgeschlossen wird diese Seite durch ein zehngeschossiges Verwaltungshochhaus der Firma Kühne & Nagel, das als eine Art »Torhaus«, als Brückeneingang, gedacht ist. Obwohl ich es für etwas zu hoch halte, muß doch die gute architektonische Qualität dieses Baus anerkannt werden, der in der Durchdringung von horizontal gelagerten Geschossen mit den vertikal orientierten Pfeilern zwischen den gut proportionierten Fenstern zu einem ausgewogenen Gleichgewicht führt, zumal die Fenster flächenbündig angeordnet sind.

Die andere Seite der Martinistraße gegenüber der Kirche (Nr. 27) ist Beweis dafür, daß die gutgemeinte Einfügung zweier historischer Basisgeschosse in ein insgesamt fünfgeschossiges Ensemble noch keine gute Gesamtlösung ergibt: die über den beiden schönen historischen Basisgeschossen liegenden Teile sind Ausdruck von Gefühllosigkeit und eines Nichtkönnens, das an dieser Stelle fast schon symptomatischen Charakter erhält. Was dann in der anschließenden »Nr. 25« geleistet wurde, mit den für einen »modernen« Architekten obligatorischen durchlaufenden Fensterbändern und den freilich sehr »pflegeleichten« Waschbetonbrüstungen, gehört zum Grundübel der Gegenwart: hier hat wohl die mangelnde schulische Grundausbildung der Architekten und ihre allgemeine ästhetische Genügsamkeit und Unerfahrenheit ein gerüttelt Maß an Schuld. Nicht besser der unmittelbar daran anschließende Komplex – bis dann die Eingangsbauten der Böttcherstraße mit drei Giebeln dem Spuk für einen Augenblick ein Ende machen und zeigen, was an dieser Stelle in freilich historisierender Wiederholung geleistet wurde. Dann folgt der Hiatus eines großen Parkplatzes der Böttcherstraße, der wohl so schnell wegen seiner lukrativen Nutzung nicht verschwinden wird (?) und schließlich ein neues Geschäftshaus, das als weiterer »Torbau« jedenfalls seinem Gegenüber ins Gesicht schlägt.

Quader schlagen, Quader tragen, Mauerkante kontrollieren

Auf der großen Weserbrücke

Bevor wir unseren Weg nun weiter in die Innenstadt hinein fortsetzen, wenden wir uns, auf die große Weserbrücke einschwenkend, einige hundert Meter zurück auf die Neustadt zu, um von hier aus einen Blick auf die Eingangssituation zum Stadtzentrum zu werfen.

Zwei größere Gebäudekomplexe bestimmen hier das Stadtbild, das zur Eingangspforte zum Zentrum unseres Gemeinwesens wird.

Auf der rechten Seite der Komplex der Schiffahrtsdirektion mit dem Katasteramt, ihm auf der anderen Seite korrespondierend in der »Torbildung« das Verwaltungsgebäude der Seeversicherer. Von der Bedeutung beider Gebäude und ihrer inneren Zweckbestimmung her zweifellos eine gute Entscheidung: beide haben es mit der Schiffahrt und dem Seeverkehr zu tun und stehen daher symbolisch am Eingang eines Stadtgebildes, das von diesen menschlichen Tätigkeiten her immer noch einen wesentlichen Teil seiner Lebenskraft gewinnt.

Doch wie unterschiedlich wird das von den beiden Baukomplexen verwirklicht!

Das Gebäude der Schiffahrtsdirektion besteht aus sechs Geschossen, die dem Ganzen eine bis in die Einzelheiten wohlabgewogene Proportion verleihen, die auch in der richtigen Beziehung zu den Bauten der Schlachte und an der Tiefer steht. Die Masse des in Backstein errichteten Bauwerks wird durch Fenster gleichen Formats in einfachster, aber überzeugender Form gegliedert. Sie sind flächenbündig in die Fassade gesetzt und wahren damit den Eindruck ruhiger, standfester Masse. Dem hält der dreigeschossige Komplex des Katasteramts, mit der Schiffahrtsdirektion durch einen schmalen Verbindungsbau gekoppelt, die Waage. Das Ganze eine ausgewogene Komposition, eine der besten Arbeiten des Braunschweiger Professors Kraemer. Kleine Feinheiten, wie die Abschrägung der Dachabschlüsse, die Anregungen der damaligen schwedischen Architektur zu verdanken sind, werden unaufmerksamen Betrachtern kaum auffallen, doch sind sie wesentlich für die einfache Körperwirkung dieser wohlgelungenen Architekturgruppe.

Zirkel, Meßstab

Doch die gegenüberliegende Gruppe des Verwaltungskomplexes der Seeversicherer bringt alles ins Wanken. Der Hauptbau ist genau um die Zahl von Geschossen zu hoch, die sechs übersteigt: nur bei solcher Übereinstimmung hätte hier der so erwünschte Torcharakter der Eingangssituation entstehen können. Das nicht gesehen zu haben, ist wohl weniger ein Versagen des Bauherrn, eher schon das seines Architekten, am meisten aber das der bremischen Behörden, die hier absolut erblindet sein müssen! Aber nicht zufrieden mit der falschen Dimensionierung, taten die Meister noch ein übriges: dem Bauherrn nicht die Wahl des Backsteins als Material aufzuerlegen. Wirkliche staatliche »Hoheit« hätte sich an eben diesem Punkte erweisen müssen. Mit der Wahl dieses Materials wäre nicht nur der nahezu unerträgliche Waschbeton verschwunden, der unsere Städte, durch gedankenlose Architekten gefördert, in wachsendem Maße überschwemmt, es hätten sich auch andere Überlegungen zur Proportion des Bauwerks einstellen müssen. Die geistlos übereinander gestapelten Geschosse, die wie Zigarrenkisten die Mitarbeiter in sich aufnehmen, hätten plastisch durchgearbeitet werden müssen — vielleicht in Korrespondenz zum gegenüberliegenden Bau der Schiffahrtsdirektion. Diese Chance ist unwiederbringlich dahin: Bremen ist um sein eigentliches Stadttor beraubt worden, weil wirkliche Baumeister an ihm nicht mitgearbeitet haben.

Der Neubau des Bankvereins Bremen

Von diesem Punkt aus läßt sich aber auch bereits jetzt erkennen, welch grundlegender Fehler beim Bau des Bankvereins Bremen bereits wieder gemacht worden ist. Man hat, im notwendigen Anschluß an das Haus der Baumwollbörse die Front heruntergestaffelt — das ist richtig. Doch ist auch die letzte Staffelung noch um mindestens zwei Geschosse zu hoch (das gilt auch für den Bau von Kühne & Nagel, der sonst wesentlich besser zu beurteilen ist). Der wichtigste Fehler aber: man hat übersehen, daß die Front zur Martinistraße in der Mitte einen breiten, weit zurückspringenden Teil hätte erhalten müssen, um die links und rechts verbleibenden Frontabschnitte in die richtige Proportion zu den Bauten an Martinistraße und Tiefer zu bringen.

Man fragt sich, ob hier überhaupt eine Ortsbegehung im Verlaufe des Genehmigungsverfahrens stattgefunden hat: das wäre den obersten Hütern der Bremer Stadtgestaltung wohl zumutbar gewesen. Was heißt denn überhaupt noch Städtebau, was die verantwortliche ästhetische Durchformung des Stadtraums, wenn derartige elementare Fehler begangen werden? Man wird sich hier wohl kaum darauf herausreden können, daß der von kapitalistischen Renditeüberlegungen (selbstverständlicherweise, muß man sagen!) ausgehende Bankverein seine Bedingungen gestellt habe und man nur bei Annahme solcher Bedingungen die scheußliche Lücke an dieser Stelle der Stadt habe schließen können (angenommen, solche Argumente wären ins Spiel

ben links: Haus der Seeversicherer
ben rechts: Schiffahrtsdirektion und Ka-
steramt

Mitte: Kühne & Nagel und Bank-
verein Bremen
Unten: Volksbank Bremen

gebracht worden): eben das würde ein eklatantes Versagen des Staates als Hoheitsträgers bedeuten. Die Katastrophe ist nun nicht mehr abwendbar, so daß hier darauf verzichtet wird, eine genauere architektonische Analyse dieses Bauwerks anzuschließen.

Auf dem Weg zur Domsheide

Wir gehen zurück zum Stadtzentrum, folgen nicht weiter dem Verlauf der Weser, sondern setzen unseren Spaziergang durch die Trümmer der Vergangenheit und der Gegenwart in Richtung Balgebrückstraße auf die Domsheide hin fort.

Was sich links mit dem Neubaukomplex und der Garage hin tut, lassen wir aus dem Blick: es lohnt sich ohnedies nur als Gegenbeispiel. Rechts grüßt der Giebel von St. Johannis über eine Reihe von Dächern zweigeschossiger Häuser, die sich kaum großen architektonischen Ehrgeizes rühmen dürfen, aber verhältnismäßig anspruchslos sind — besser als die übliche Großmannssucht. Und doch hätte man sich mal etwas Besseres gewünscht!

Geradeaus fängt dann der große Kasten der Volksbank unseren Blick ein und im Hintergrund ein Gebilde der zwanziger Jahre, die allen Bremern bekannte »Glocke«. Die Volksbank, ein Werk eines modernen Architekten, hat den hier allerdings zweifelhaften Vorzug, als erste in Bremen das moderne Material Beton als Gestaltungsmittel versucht zu haben. Beton ist ein Material, das im Gegensatz zu Holz- und Stahlbauten (tektonischer ästhetischer Grundcharakter) und zum Backsteinbau (Massenbau) seinen Charakter vor allem aus dem Gußverfahren gewinnt. Sein vielfältiges Mißverständnis als Ersatz für die tektonischen Materialien Holz und Stahl (selbst da, wo Gußstahl verwendet wird, wie im Centre Pompidou) hat lange seinen primären Charakter übersehen lassen — bis Le Corbusier in Ronchamp und anderen Bauten und die Japaner (Kenzo Tange und die Metabolisten) in hervorragenden Schöpfungsbauten in Tokio und anderen Großstädten seinen eigentlichen Charakter offen legten. Und das, nachdem ihnen lange schon Meister wie Max Berg (Jahrhunderthalle Breslau 1913) und Pier Luigi Nervi (Stadion in Florenz) vorangegangen waren. Die eigentliche Quellentwicklung für den Stahlbeton als Gestaltungs- (nicht bloß Konstruktions-)mittel ist die »Brutalismus« genannte Architekturbewegung, deren Name im Deutschen allerdings mißverständlich klingt: er meint die »reine« Gestaltung aus dem Material und aus der Konstruktion unter Maßgabe der klassischen Kriterien von Proportion und Gestalt.

Die Volksbank

Und darin versagt eben die Lösung beim Volksbankkomplex. Die durchgehenden vertikalen Stützen des Tragwerks, die mit den Fassadenflächen der einzelnen Geschosse plastisch hätten vermittelt werden müssen, wie das Kenzo Tange in vielen Beispielen hinreichend eindrucksvoll gezeigt hatte, blieben Einzelmomente. Die vom Architekten erkannte ungenügende Lösung verleitete ihn dann dazu, die Brüstungsflächen dekorativ durch ein gestocktes Muster aufzulösen, das, nicht nur wegen eigener Unzulänglichkeit als Flächenrhythmus, gar nicht ausreichend sein konnte, das architektonische Grundproblem zu lösen. So blieb ein ungestalteter Kasten Monument architekturkünstlerischen Versagens. Dagegen erscheint selbst der doch keineswegs dem Kopf eines architektonischen Genius entsprungene Giebel der »Glocke« als ein städtebaulich, mehr noch als architektonisch achtbares Werk der zwanziger Jahre. Das modische Motiv des Zick-Zack-Ornaments kennzeichnet diesen Giebel ganz unverkennbar als Bauwerk der Zeit nach dem ersten Weltkrieg, eine Zeit, die durch das langsame Heraufkommen des Funktionalismus (Werkbundausstellungen Stuttgart 1927 und Breslau 1929, mit Weltausstellungen in Barcelona 1929, sowie Stockholmer Sommerausstellung 1930) gekennzeichnet war, so daß die ruhigere breite Kontinuität der Baukunst der Jahre zwischen 1918 und 1933 in Deutschland meist übersehen wurde. Auf die »Glocke« folgt dann auf derselben Seite des Platzraums eine Gruppe von drei historischen Gebäuden (eines aus dem Bereich des Eklektizismus des 19. Jahrhunderts), unter denen vor allem das letzte, »Domsheide 2«, eine besondere klassizistische Würde ausstrahlt. Wenden wir nun den Blick dem die Querwand des Platzes städtebaulich eindrucksvoll abschließenden Amtsgerichtsgebäude zu, das durch sein Gemisch verschiedener Materialien – rote und gelbe Verkleidung mit Hartklinkern und plastisch stark durchgebildeten Natursteinelementen – zunächst das Auge verwirrt. Dies Gebilde eines Renaissanceformen eklektisch mischenden Stils macht uns zunächst betroffen durch seine Überladenheit mit Motiven, was früher zu einer radikalen Ablehnung geführt hat. Im Vergleich zu autochthonen Werken der Renaissance und des Barock ist dies kritische Urteil berechtigt und verständlich. Trotzdem erkennt der die zugrunde liegende Struktur ermittelnde analytische Blick die klare architektonische Ordnung und die gute Proportion. Die sinnvollen breiten Öffnungen der Vorhalle zum Platz kennzeichnen das Gebäude deutlich in seinem öffentlichen Charakter: es zeigt, daß hier viele Menschen ein- und ausströmen, es erklärt sich, es ist, kurz gesagt, trotz seiner Überladenheit, immer noch architektonische Sprache. Hier wird man gegenüber früherer Beurteilung umlernen müssen.

Leiter, Gerüst, Mörtelbottich, Holzklöpfel, Spitz- oder Schlageisen, Hammer, Beitel

Das Postgebäude und seine Erweiterung

Von dort aus stößt man fast selbstverständlich auf das alte Postgebäude, ebenfalls ein Gebilde des Eklektizismus, in dem sich Formen der Renaissance (das Formenmaterial im Einzelnen) und Motive des Barock (die Tendenz, die die Fassade gliedernden Lisenen über die einzelnen Stockwerke hinweg als gliedernde Elemente hindurchzuführen) zu einem ausgewogenen Meisterwerk des deutschen Eklektizismus des 19. Jahrhunderts mischen, dem Gott sei Dank bei der Erweiterung und Renovierung kein Unrecht angetan wurde. Bis auf die wohl gedankenlose und sicherlich vermeidbare Zerstörung der Eingangssituation durch Einziehen einer flachen Decke, die man so schnell wie möglich wieder entfernen sollte. Wie aber steht es mit dem Erweiterungsbau,

Links: Posteingang
Rechts: Amtsgericht und Alte Post
Unten: Postneubau

dessen Sockel aus Beton hergestellt und dessen Geschosse mit Werksteinplatten verkleidet wurden? Entgegen dem Geiste des Platzes und auch entgegen den konstruktiv gegebenen Möglichkeiten hat man hier horizontal durchlaufende Fensterbänder angeordnet. Da man erkannte, daß das an dieser Stelle zu einer unhaltbaren Diskrepanz zwischen Alt- und Neubau führen müßte, hat man ein System von vorgelegten Vergitterungen angebracht, das die Vertikaltendenz gemäß dem Altbau betont und dessen Vorwand die Reinigung der Fensterflächen ist. Der Verfasser hat diese Absicht anfangs, als das Ergebnis noch unter Gerüststangen verborgen war, gelobt. Das enthüllte fertige Gebilde zeigt jedoch die offensichtliche Unzulänglichkeit dieses Versuchs. Und man muß auch ganz deutlich fragen: warum hat man nicht die gebäudetragenden, durch die Geschosse durchgehenden Stützen nach außen verlegt und bei entsprechender Einbindung der Fenster in das sich dadurch ergebende, die vertikale Tendenz betonende System eine überzeugende Anbindung des Altbaus an den Neubau versucht? Auch hier schafft der an sich verdienstliche Einbau eines historischen Portikus am Haupteingang des Neubaus keinen Ausgleich für die städtebaulich verfehlte Situation, zumal auch das Verhältnis dieses Eingangstors zur darüberliegenden leeren Fläche keine überzeugende Proportion ergibt.

Werkstück schlagen

Das Amtsgerichtsgebäude – seine Erweiterung

Mag man sich mit dieser Zwitterlösung vielleicht noch abfinden, so ergreift jeden fühlenden Betrachter größtes Unbehagen angesichts des ersten Abschnitts der Erweiterung des Amtsgerichts.

Der Architekt nimmt mit den gelben Klinkern einsichtig dies Motiv des Alten Gymnasiums auf. Doch man fragt sich dann, warum er sich in den weiteren Details dieses freilich nicht untadeligen Gebäudes nicht von einigen Detaillösungen anregen ließ. Denn wie durch Lisenen, durch Vor- und Rücksprünge die Fensteröffnungen im Alten Gymnasium plastisch verständlich mit der Fassadenfläche vermittelt werden, hätte vorbildlich auch für den Neubau werden können. Das aber wurde entweder nicht erkannt oder bewußt außer acht gelassen, zum Schaden eines Gebildes, das nun gegenüber dem zwar überladenen, aber durchaus menschliche Proportionen wahrenden alten Amtsgericht sich mit den brutal und übergangslos wie Löcher hineingeschnittenen Fenstern eher wie ein Gefängnis ausnimmt. Makabre Symbolik: Justiz als Gefängnis? Doch sollten wir mit der Abwertung von Gefängnisgebäuden vorsichtig sein, wenn wir uns daran erinnern, welch einfache Würde das alte Zucht- und Armenhaus weit hinter der alten Doventorsmühle um 1840 (!) auszeichnete! Aber damit ist der Höhepunkt des Unglücks noch keineswegs erreicht: hat das vorgenannte Gebilde wenigstens noch einen gewissen Charakter, wenn auch nur den düsteren eines Gefängnisses, so gibt sich die letzte Erweiterung mit horizontal betonter Schichtung der Geschosse und durchlaufender Fensterreihung mit den, scheint's, langsam unumgänglichen Brüstungen aus Waschbeton, als ein mondäner und Macht ausstrahlender Verwaltungsbau.

Dachschindeln anreichen, Ortganggesims bearbeiten

Hier also: Justiz als Verwaltung sowohl des Verbrechens wie bürgerlicher Zwistigkeiten. Mehr nicht: ein ganz durchschnittlicher Ort, wo nicht etwa das Recht gefunden, sondern eben: ausgehandelt wird. Ein architektonischer Tiefpunkt ist damit erreicht – die Apotheose des Nichtssagenden. Das vor allem, wenn man zuletzt noch einen Blick auf das Polizeihaus wirft, das, wohlproportioniert in der Höhenabfolge seiner Geschosse, ihre Differenz ablesbar macht und damit dem menschlichen Verständnis entgegenkommt. Der Blick zurück vermittelt dann noch eine neue architektonische Erfahrung darüber, was der Sinn einer Brücke ist. Natürlich zunächst Verbindung zweier Gebäude, wenn sie nicht über einen Fluß oder ein anderes natürliches Hindernis führt. Verbindung zwischen zwei Gebäuden: wir haben an dieser Stelle gleich zwei ganz verschiedene Lösungen. Die neue durchsichtige Brücke verbindet die beiden Teile des Amtsgerichts. Die alte Brücke in der Buchstraße, ohne diese moderne Durchsichtigkeit, als Brücke zwischen Gebäuden und Tor zur Straße gleichzeitig, verbindet Gerichtsgebäude und Polizeigebäude. Die gläserne Brücke ist städtebaulich falsch: gerade weil sie die Durchsicht freigibt, verunklärt sie die Situation, statt eine Überraschung vorzubereiten. Richtig dagegen die alte Lösung, in der die Brücke zugleich Pforte zur Buchtstraße ist.

Doppelfläche, Gerüst

Unser Rundgang hat auf einem sehr begrenzten Raum gezeigt, was der Verfasser unter dem Titel »Zerstörung der Städte« versteht. Mögen im einzelnen die kritischen Gewichte von anderen auch einmal anders gesetzt werden, niemand wird, wenn er sich einmal für 90 oder 120 Minuten in diesen beiden Straßenräumen bewußt sehend aufgehalten hat, die Berechtigung des Titels leugnen können – selbst wenn er vorher noch keinen Blick auf die Zeichnungen von Rudolf Stein geworfen hatte.

Schlußfolgerungen

Zwei Schlüsse müssen gezogen werden.

Zuerst müssen wir, wenn wir die weitere Entwicklung in unserer Stadt in positive Bahnen lenken wollen, wieder Architektur als Baukunst sehen lernen.

Einige Kenntnis der Historie der Baukunst könnte dabei von Nutzen sein, zumal sie in ungeahnter Weise möglich macht, das große »Buch der Stadt« lesen und verstehen zu lernen. Man geht mit doppeltem Vergnügen spazieren, wenn man sich da ein wenig umgesehen hat.

Das Zweite wäre, überhaupt wieder das Verständnis dafür zu wecken, welche besondere kritisch entscheidende Bedeutung der Begriff der Gestalt, moderner der der Struktur hat. Darüber hinaus, man wagt es kaum zu sagen, ist aber auch die Wiederherstellung des Begriffs des Schönen wichtig. Es ist hier nicht mehr der Platz, um auf diese klassischen Urteilskriterien einzugehen, zumal der Begriff des Schönen weit über den der bloß ästhetischen Ordnung hinausgeht, mit der wir uns hier begnügen müssen. Was aber in einer Ausstellung wie »Kunst – was ist das?«, die zwischen Ernst und Jahrmarktsbelu-

Oben links: Polizeihaus und Erweiterungsbau des Amtsgerichts, zweiter Abschnitt
Oben rechts: Neues Amtsgericht
Unten links: Polizeihaus
Unten rechts: Seiteneingang des Polizeihauses

stigung angesiedelt ist, noch zulässig sein mag, die zeitweilige Lockerung des strengen Begriffs der Gestalt, erweist sich innerhalb der Ordnung dauernder Werte, wie ein Stadtgebilde sie darstellt, als die eigentliche Todsünde.

Was notwendig ist, könnte man theologisch ausdrücken: kehret um!

In die gute Stube gestellt

Dieser verregnete Sommer mit dem unaufhörlichen Wechsel in der Szenerie des Himmels, dunklen Wolkengebirgen und leuchtenden Kumuli, leistet auf seine Weise einen Beitrag zur Feier des tausendjährigen Bestehens der Freien und Hansestadt Bremen: er liefert ein großartiges himmlisches Panorama in den spiegelnden Scheiben des neuen Parlamentsgebäudes. Eine der Grundideen des Architekten Wassili Luckhardt wird deutlich: die besondere Rolle, die die nach Norden und Westen gerichteten vorgehängten Glasfassaden als dramatische Architekturelemente, als riesenhafte Spiegel haben, die die immer wechselnden Bilder des Marktes und des Domshof-Platzes in sich einfangen, wahrhafte Stadtspiegel, die man den Bremern in ihre »gute Stube« stellte, daß sie permanente Chronisten des Bremer Wetters und des Menschengewimmels im Zentrum der Stadt würden.

Heideggers »Geviert«

Dies ist sicher eine überraschende und von den meisten Kritikern des Bauwerks bisher übersehene Realität, in der Glasarchitektur sich nicht nur als funktionale, sondern als ästhetische Möglichkeit enthüllt. Man denkt an Heideggers Idee des »Gevierts«, die ihm auch hier in Bremen gekommen sein mag, als er in einer Diskussion nach seinem Vortrag »Einblick in das, was ist« im damaligen Gästehaus des Senats einem Einwand begegnete, den er im Jahr darauf in Darmstadt in einem anderen Vortrag »Bauen, Wohnen, Denken« mit dem durchgeführten Beispiel einer Brücke beantwortete.

Bei dieser positiven Wertung des Neubaus bleibt doch anzumerken, daß unser erster Eindruck anhand des Modells jetzt nach Fortfall der Gerüste sich bestätigt: unverträglich mit dem klaren architektonischen Konzept der Gesamtanlage und mit der städtebaulichen Situation des Baus bleibt das nach der Marktplatzseite hin ausgebildete Faltdach. Der Kritiker kann hier auf alles Theoretisieren verzichten und auf das überzeugende Beispiel der Nordfassade verweisen, deren horizontaler Gesimsabschluß sachlich und selbstverständlich wirkt. Diese Kritik

Das Parlamentsgebäude am Markt

wird unterstützt durch die Tatsache, daß das Faltdach im Innern des großen Saals, den es überdeckt, verständlicherweise keine Rolle spielt: es wird abgehängt durch eine horizontale Decke. Dem Faltdach aber besondere konstruktive Notwendigkeiten zu unterschieben oder gar die Entwässerung des Dachs als Begründung herbeizuzitieren, kann Fachleuten nur ein mildes Lächeln entlocken. Hier hat Bürgerstolz, der überall mitreden will, zu irreparablem Nachgeben gegenüber schlechtem Geschmack geführt.

Architektur, die nicht gebaut wurde

Ganz so irreparabel wäre noch nicht, was die Bauverwaltung mit der Fassade des Magazingebäudes des neuen Staatsarchivs plant. Wie man hört, soll es den Planern hier der travertin-verkleidete Bau des benachbarten amerikanischen Generalkonsulats angetan haben; auch die riesige ungegliederte Fassade des Magazins, ohne jede Öffnung, soll ein derartiges Kleid erhalten. Der könnte ein ganz besonderes Armutszeugnis, ein Monument der Einfallslosigkeit ergeben. Dabei hatte der Bremer Maler Hans-Albrecht Schilling in einem engeren Wettbewerb eine Lösung vorgeschlagen, die den flächenhaften Charakter des riesigen Kubus konsequent zum Ausgangspunkt nimmt, und eine ornamentale Lösung durch Verkleidung der Betonfassade mit einer größeren Zahl sich wiederholender Kunststeinelemente vorgesehen, die dem Koloß in einfallsreicher, feinfühliger Weise – ohne Mehrkosten gegenüber der Travertinverkleidung! – zu dem Maßstab verhülfe, der in der Nähe des gut gegliederten Konsulatsgebäudes erforderlich ist. Man muß abwarten, was den Planern einfallen mag, um das Problem auf ihre Weise zu lösen. Bedauern muß man aber schon jetzt, daß der Vorschlag von Hans-Albrecht Schilling das Kapitel »Architektur, die nicht gebaut wurde« um ein weiteres Beispiel vermehrt.

Die Humanprobe steht noch aus

Umstrittenes Osterholz-Tenever

Nähert man sich, von Hamburg kommend, auf der Autobahn dem Bremer Kreuz und der Abfahrt Sebaldsbrück, so sieht man alsbald ein weißes Riesengebilde vor sich, himmelstürmende Wohnblöcke, oben mit einem warmen Blau bekrönt, das die Zone der mit Dachterrassen ausgestatteten Wohnungen andeutet: Vor sich hat man »Klein Manhattan«, die »Wohnburg Bremen« – in jedem Falle eines der am weitesten in die Zukunft vorstoßenden Wohnbauvorhaben der Bundesrepublik, das Demonstrativbauvorhaben Bremen-Osterholz-Tenever, das vom Bundesminister für Städtebau und Wohnungswesen und vom Bremer Bausenator getragen wird.

Bauherren sind die Neue Heimat Bremen, die Nordwestdeutsche Siedlungsgesellschaft und die Bremer BAU-Union, planende Architekten neben einer Bremer Gruppe um den Architekten Zill, das Städtebauinstitut Nürnberg mit Professor G. G. Dittrich und Mitarbeitern.

Aber, werden viele fragen, befindet sich die Städteplanung nicht in einer Krise? Baut man noch immer an Megalopolis? Haben die Proteste von Architekten und Bewohnern gegen derartige Massenprojekte denn gar nichts genutzt?

Am Anfang war E. Howard

Bevor auf solche Fragen, die auch in einer Fernsehsendung neben anderen aufgeworfen und zu Thesen gegen den heute praktizierten sozialen Wohnungsbau umgemünzt wurden, zureichend geantwortet werden kann, muß dem interessierten Laien zunächst ein Einblick in das Werden der Probleme des modernen Städtebaus gegeben werden.

Das beginnt noch vor Beginn unseres Jahrhunderts in England, als Ebenezer Howard in seinem Buch »Tomorrow: a peaceful path to reform« (1898) als Ausweg gegen das, was wir heute als Bevölkerungsballung in den Großstädten kritisch betrachten, die Gartenstadt propagierte; wirtschaftlich selbständige, durchgrünte Stadtzonen von einem breiten Gürtel landwirtschaftlich genutzten Gebiets umzogen. Derartige selbständige Trabantenstädte sollten etwa 30 000 Einwohner haben und als Ersatz der Großstadtslums erstellt werden. Die erste Stadt, die tatsächlich nach derartigen Prinzipien errichtet wurde, war Letchworth bei London (1903).

Seitdem ist fast ein Dreivierteljahrhundert vergangen – und derartige Pläne haben sich in der vom Urheber geplanten Form als unzulänglich erwiesen. Wer konnte auch schon voraussehen, wie sich unter dem Druck der ökonomischen Prämissen und der steigenden Bodenpreise, unter dem Druck der Entwicklung des modernen Verkehrs – dieser wiederum eine Folge wachsender industrieller Produktion, wachsenden Güterumschlags und steigenden Lebensstandards – die Voraussetzungen der Stadtplanung in ihren wissenschaftlichen Grundlagen in immer wachsendem Tempo verändern würden.

Die Charta von Athen

Und doch hatte schon 1933 die internationale Architektenorganisation CIAM (Congrès International d'Architecture Moderne) eine für die weitere Entwicklung des Städtebaus bedeutsame Erklärung herausgegeben, in der in fünf Hauptgruppen Forderungen zur Gestaltung der modernen Stadt vorgelegt wurden. Analytisch wurde die Stadt dabei in fünf Zonen eingeteilt: Wohnung, Erholung, Arbeit, Verkehr, historisches Erbe.

Man legte sich darauf fest, daß eine streng funktionelle Trennung der einzelnen Stadtbereiche mit Grüngürteln zwischen den einzelnen Funktionsgebieten erforderlich sei. Noch rigoroser forderte man die Reduktion der Typen städtischen Wohnens und eine Bebauung mit hohen, weit auseinanderliegenden Appartementhäusern in Gebieten mit großer Wohndichte. Diese Charta wurde nach dem Ende des zweiten Weltkrieges zum internationalen Dogma fortschrittlichen Städtebaus. Ihre Schwächen wurden allerdings auch sehr bald deutlich: Wohnen war und ist ja nicht die einzige, nicht einmal die entscheidende Funktion der Stadt. Gewerbe und Industrie, ihre Lebensbasis, Gemeinschaftseinrichtungen vielfältiger Art sind mindestens ebenso wichtig. Schon 1951 wurden die Unzulänglichkeiten der Charta erkannt, ohne daß diese Überlegungen nun schnell genug Fuß faßten und zu praktisch verwertbaren kritischen Überlegungen und daran anschließenden neuen Vorschlägen führten.

Problemfall Bundesrepublik

Für die Bundesrepublik ergaben sich bei dieser Sachlage besondere Probleme: Hier mußte nach den unermeßlichen Zerstörungen des zweiten Weltkriegs zunächst einmal Wohnraum für die Masse der wenig begüterten Bevölkerung geschaffen werden; der soziale Wohnungsbau entstand. Und er bediente sich in seinen planerischen Konzeptionen damals ganz natürlich der vorhandenen theoretischen Grundsätze der Charta von Athen. Deutschland holte nach, was es an internationalen Erfahrungen in den Jahren des Nationalsozialismus versäumt hatte. – Und übernahm dabei auch einige der Fehler, die in der ursprünglichen Charta von Athen verankert waren.

Dennoch sind dabei in Bremen zwei der heute bereits als gelungen anerkannten größeren Wohnquartiere entstanden: die intime Wohngruppe in der Kohlmannstraße in Bremen (1954/55) und die Gartenstadt Vahr (1956/57) der Architekten May, Säume und Hafemann. Sichtet man die Ergebnisse dieses ersten Versuchs, so muß gesagt werden, daß verständlicherweise anfänglich die Zahl der erforderlichen Garagen und Einstellplätze bei weitem unterschätzt wurde, der Anteil an gewerblicher Infrastruktur zu gering, die Einzelheizung ein wichtiger Schönheitsfehler war; auch anderes mag kritisch angemerkt werden. Unbestreitbar aber ist, daß hier in den Grünräumen und in den intimen Raumbildungen zwischen den Blöcken und in den überall richtigen Abmessungen zwischen Abständen und Höhen der Baublöcke eine auch heute noch vorbildliche Intimität erreicht wurde, die gewiß den Vorstellungen Howards entsprochen hätte. Man gehe jetzt, in diesen Frühlingstagen, durch dieses schöne und überzeugende Quartier: Nicht ohne Grund haben die gewiß kritischen und unabhängigen Richter des BDA (Bund Deutscher Architekten) dieser Anlage innerhalb des BDA-Preises 1974 eine Belobigung erteilt; ebenso hoben sie die besondere Qualität des kleinen Wohnquartiers in der Kohlmannstraße hervor, obwohl es der Jury nicht eingereicht worden war.

Die Mängel waren dennoch nicht übersehbar: Die Einzelheizung konnte nicht überzeugen, die Infrastruktur war zu schwach entwickelt, Gemeinschaftseinrichtungen noch unzureichend und bei der Kleinheit der Projekte wirtschaftlich wohl auch nicht zu verkraften. Ein größerer Komplex konnte sich als tragfähiger erweisen. So entstand die »Neue

Das Demonstrativ-Bauvorhaben Osterholz-Tenever

Vahr« (1957/62), die der inzwischen auch international laut gewordenen Kritik Rechnung trug: mit der Konzeption der Nachbarschaftsidee. Dabei ergaben sich zweifellos schon erheblich bessere Lösungen; auch schöne bauliche Intimbereiche erstanden — zum mindesten in der Neuen Vahr Süd, während die Neue Vahr Nord dabei schlechter abschneidet. Jedoch wurde die gewerbliche Infrastruktur erheblich verbessert, das ganze Gebiet fernbeheizt, wenn auch die Ausstattung mit Garagen und Einstellplätzen noch immer hinter dem tatsächlichen Bedarf zurückblieb. Sie mußte in den späteren Jahren durch neue Einstellplätze auf Kosten grünen Rasens verbessert werden.

Über »Athen« hinweg

Inzwischen war aber eine grundlegende Kritik an der Charta von Athen aktuell geworden. Eine ganze Reihe von international sich Gehör verschaffenden Soziologen, Ärzten und auch Architekten hatten darauf hingewiesen, daß solchen modellartig entstandenen Quartieren bei allen hygienischen und infrastrukturellen Vorzügen doch eine Qualität der wahren Stadt fehle: die Urbanität, die allein das Gefühl der Zugehörigkeit, des Zuhauseseins geben könne. In der Tat: Hatte man in vielen sogenannten »modernen«Quartieren nicht doch bloß das Chaos programmiert? Hatte man nicht doch das als zu nebensächlich abgetan, was als Vertrautheit mit der engeren Umwelt dem Menschen erst das Gefühl der Verankerung, des Zusammengehörens, der Urbanität zu geben vermag? Hatte man übersehen, wie lebendig vernünftig neugestaltete alte Stadträume mit Fußgängerzonen in den Einkaufsbereichen sein können, wie belebend sich Gemeinschaftseinrichtungen aller Art für diese Urbanität erwiesen haben? Man denke nur an das, was sich in unserer Nähe in mittleren Städten wie Oldenburg, Celle oder Lüneburg in den letzten Jahren entwickelte, was in Bremens City sich in geringem Umfang getan hat.

Die Kritik an der Charta von Athen hatte sich in einem entscheidenden Punkt durchgesetzt: Man hatte erkannt, daß es einer größeren Verdichtung von Wohnungen und Infrastruktur bedürfte, um solche Einrichtungen in erreichbarer Nähe und in finanziell tragbarer Form zu entwickeln, die offenbar einen unerläßlichen Bestandteil solcher Urbanität ausmachen.

Bremens »Großer Kurfürst«

In Bremen war ein erster Schritt in dieser Richtung die Wohnanlage »Großer Kurfürst«, von den Architekten Spengelin und Gernot Baum in Hamburg geplant und von der Hanseatischen Wohnungsbau- und Treuhandgesellschaft in Bremen durchgeführt. Charakteristisch für diese Anlage: die Tiefgarage für die Wohnungen, Hobbyräume, Einzelhäuser mit Wohnhöfen und ein breites Angebot verschiedener Wohnungstypen, ein vielgestaltiges Wohngemenge mit Terrassenwohnungen und innerhalb der Freiflächen gutgestaltete und richtig zugeordnete Kinderspielplätze. Die Konzeption geriet zu einer bewegten Gestaltung der gestaffelten Blöcke, die eine bis zu diesem Zeitpunkt in Bremen ungewohnte plastische Vielfalt der Fassaden ergab. Mit Recht wurde daher auch diese Wohnanlage in die Preisgruppe des BDA-Preises 1974 hineingenommen.

Jedoch ist auch diese Anlage noch zu klein, um all das an infrastrukturellen Einrichtungen bieten zu können, was in der noch im Bau befindlichen, in großen zentralen Teilen aber bereits bezogenen Wohnanlage des Demonstrativbauvorhabens in Bremen-Osterholz-Tenever verwirklicht werden soll.

Damit wenden wir uns von den Anfängen – den Gartenstadtideen Howards über die Charta von Athen, deren Revisionen und mannigfachen Zwischenstationen – zu den Fragen der unmittelbaren Gegenwart. Architekten und Städteplaner wenden sich heute von der analytisch aufgelösten Stadt mehr und mehr der neuen Idee der Verflechtung zu; mit allen täglich auftretenden Lebensvorgängen. Die Idee der bloßen »Schlafstadt« wird abgelöst von dem Konzept der in sich voll funktionsfähigen Stadt, wie sie heute auch in amerikanischen und englischen Großprojekten realisiert werden soll. Die Stadt von heute soll an Dienstleistungen und Freizeitmöglichkeiten all das bereit halten, was zum täglichen Bedarf ihrer Bewohner gehört. Dabei wird es entscheidend darauf ankommen, daß diese Städte von außen nicht mehr ein Symbol von Megalopolis sein werden, wie es im Beispiel Bremen von der Autobahn aus erscheint, vielmehr eine vielgestaltige, von großen Freiräumen und zahllosen Intimbereichen durchwirkte Form bieten, deren weit auseinanderliegende Hochhausfronten zwar einen großstädtischen Eindruck machen, aber nicht mehr den einer schlechtbeleumdeten »Betonwüste«. Man wird abwarten müssen, wie die Anlage wirkt, wenn sie fertig ist – und wie sie von den Bewohnern angenommen wird.

Das Demonstrativ-Bauvorhaben

Das Demonstrativbauvorhaben in Bremen-Osterholz-Tenever entsteht als eine Zusammenfassung und Zuordnung aller in den Diskussionen der letzten Jahre virulenten Tendenzen und Forderungen. Es soll nach Absicht der Planer zeigen, wie eine in sich funktionsgerechte moderne Stadt aussehen mag, die die mannigfachen Forderungen, die an einen derartigen Organismus gestellt werden müssen, sinnvoll erfüllen kann.

Die Forderungen des fließenden und ruhenden Verkehrs etwa: Die großen, frei in den Landschaftsraum sich öffnenden Innenhöfe und die Wohnquartiere sind nicht nur über Erschließungsstraße und Stichstraßen zugänglich, sie sind auch durch eine oberhalb des Straßenniveaus verlaufende Fußgängerebene verbunden. Die ihrerseits koppelt die einzelnen Wohnblöcke, Hauseingänge und die auf den Tiefgaragen angelegten Ruhe-, Spiel- und Freizeitflächen, außerdem die Einkaufs- und vielfältigen Hobby-Einrichtungen miteinander. Von hier aus findet man das, was nach den Erfahrungen der letzten Jahrzehnte nach Diskussionen unter Architekten, Stadtbausoziologen und Ärzten an Infrastruktureinrichtungen als unerläßlich für eine moderne Polis erachtet wird: Urbanität.

An sich könnte man sich vorstellen, daß man die gleiche Anzahl von Wohnungen, in einem ähnlichen Gemenge von verschiedenen Wohngrößen und Wohnformen – Miet- und Eigentumswohnungen, Alten- und Studentenwohnungen – auch in einem teppichhaft verdichteten Flachbauprogramm annähernd unterzubringen vermöchte. Das Problem der Bereitstellung von Dienstleistungen würde aber wegen der Entfernungen unlösbar und finanziell untragbar. Dazu käme die Problematik der Versorgung des ruhenden Verkehrs. Es wird sich in den nächsten Jahren herausstellen müssen, wie dieses neue Stadtquartier funktioniert; ob es die Bedürfnisse der Bewohner besser als andere Lösungen zu erfüllen vermag.

Aber unabhängig von dieser noch offenen Frage kann schon jetzt gesagt werden, daß die umfassende Art der infrastrukturellen Durchdringung der Planung nur in einem derartigen »kybernetischen« Modell zu erstellen ist: mit Verdichtung und Hochbau als Voraussetzung dieses Versuchs, um die Ergebnisse der modernen Städtebauforschung in neuen Lösungen nutzbar zu machen. Das Bremer Demonstrativbauvorhaben steht zur Erprobung. Wird es nach Fertigstellung des Gesamtvorhabens – in etwa 4–5 Jahren – die Human-Probe bestehen?

Ein wahrhaft demokratisches Kaffeehaus

Das Bauwerk am Emmasee im Bürgerpark

»Architektur ist der kulturell entscheidende Bestandteil unserer Umwelt! Die Architekten fordern von den Politikern, aus dem Anspruch nach besserer Qualität des Lebens auch die Konsequenz durch Förderung besserer Qualität der Architektur als ein räumliches Ganzes zu ziehen. Bauten, die in diesem Sinne beispielhaft zu einem veränderten Stadtbild beitragen, stellen sich dar in der Auswahl ›BDA-Preis Bremen 1974‹.« Mit dieser Erklärung trat vor kurzem der Bund Deutscher Architekten an die Öffentlichkeit und zeichnete Bauwerke aus, die im Land Bremen in der Zeit zwischen 1945 und 1974 entstanden sind. Die Jury aus namhaften auswärtigen Architekten wählte 17 Arbeiten aus und lobte weitere vierzehn.

Wegen der grundsätzlichen Bedeutung heutiger Architektur für die Stadt als unserer Umwelt stellen wir nachfolgend die ausgezeichneten Arbeiten in 15 losen Folgen und mit kritischer Würdigung des Jury-Urteils unseren Lesern vor. Die Reihenfolge bedeutet dabei kein Werturteil. Die Kommentare stammen aus der Feder unseres Kunstkritikers,

Das Kaffeehaus am Emmasee

des Architekten Dipl.-Ing. Herbert Albrecht. Als erstes Bauwerk nimmt sich diese Folge von Veröffentlichungen das Kaffeehaus am Emmasee im Bürgerpark vor.

*

Der BDA-Preis 1974

Die Juroren des »BDA-Preis Bremen 1974« haben das vielen Bremern gerade in diesen ersten Frühlingstagen wieder ins Bewußtsein gerückte Kaffeehaus am Emmasee mit einem Preis ausgezeichnet und damit auf ein Bauwerk hingewiesen, das in seiner plastischen und räumlichen Konzeption spezifische Tendenzen der modernen Architektur sehr sinnvoll ins Spiel bringt. »Durch die behutsame, rücksichtsvolle Einfügung des Kaffeehauses in die reizvolle Landschaft« ... so heißt es in der knappen Begründung, sei hier eine Freizeitstätte von hoher Qualität entstanden. Und dann ist da auch noch von »Transparenz« die Rede, einem Begriff, der seit den Bauten des Ludwig Mies van der Rohe und seinem »Haus Tugendhat« in Brünn für die moderne Architektur Signalcharakter bekam.

In der Tat: Das flach gelagerte, teils ein-, teils zweigeschossige Bauwerk, fällt sofort durch die weit vorspringenden, flachen Betonplatten auf, die scheinbar auf nichts auflagern und zugleich in alle Richtungen des Raumes verweisen. Bauwerke in dieser Weise in die Landschaft einzuordnen, hatte zuerst der Amerikaner Frank Lloyd Wright unternommen, und seine horizontalen Bänder, die auch schon eine gewisse Transparenz anstrebten, hatten entscheidenden Einfluß auf das Werden der modernen Architektur in Europa. Mies van der Rohe zog als erster die Schlußfolgerungen. Aber statt des Betons verwandte er in seinen frühen Wohn- und Ausstellungsbauten (neben dem Bau in Brünn vor allem war das u. a. der Pavillon Deutschlands auf der Weltausstellung in Barcelona 1929) leichte, verkleidete Stahlstützen, die so wenig Raum einnahmen, daß das Prinzip der »Transparenz« auch im Innenraum deutlich wurde. Auch Mies van der Rohe verzichtete, wie die Architekten des Kaffeehauses am Emmasee (Hans Budde und Karsten Schröck, beide Bremen), auf tragende Außenwände.

In Bremen aber griff man zum statisch-konstruktiven Prinzip der »Pilzdecke«: Im Innern der verschiedenen Halbwürfel, aus denen sich der Bau zusammensetzt, steht, durch Verkleidung mit Holzlatten noch verfremdet, eine einzelne Betonstütze (der Pilzstiel oder Pilzfuß), die die Platte (den Pilzhut) trägt und damit den ganzen Raum für den Ausblick in die Landschaft freigibt: Konstruktion, Material und Funktion kommen zu klarer Deckung und drücken für jedermann verständlich den Zweck des Bauwerks aus. Es sagt, mit einem einfachen Satz, daß es ein Haus sei, in dem jedem von verschiedenen Stellen des Raums aus der Blick in die schöne Landschaft freigegeben wird. Ein wahrhaft demokratisches Kaffeehaus ...

Nur zum Schluß ein Hinweis: Moderne Architektur bedarf (im Gegensatz etwa zu historischen Backsteinbauten, die ruhig mal »gammeln« können) der Pflege, um respektabel zu bleiben. Am Emmasee fehlt es etwas an der pfleglichen Behandlung des Äußeren ...

Gute Beziehungen zu nebenan

Das Haus Rheinstraße 6a

Mit dem Wohnhaus Rheinstraße 6a haben die Junioren des BDA-Preises Bremen 1974 auch die lebhafte Nachkriegs-Bautätigkeit in der Neustadt berücksichtigt und dabei mit sicherem Griff ein nicht nur als plastisches Gebilde in sich, sondern vor allem in seinen Beziehungen zu den Nachbargebäuden städtebaulich vorbildlich gelöstes Objekt herausgegriffen. Man sagt in der Begründung für die Preiszuerteilung, daß »das Wohnhaus . . . durch das rücksichtsvolle Maß der Nutzung und die plastische Gliederung der Fassaden den Maßstab und die Traufhöhen der vorhandenen Bebauung auf(nehmen)«.

Der besondere Zweckcharakter des Hauses (Büros und Wohnungen auf engem Raum, Architekt Dipl.-Ing. H. Rabien, Stuttgart) drückt sich in der Fassadengliederung klar aus: unten durchgehende Reihung der Fensterelemente, oben Einzelöffnungen, wobei geschickt durch das plastische Relief an der Ecke die besondere städtebauliche Funktion der Eckbebauung herausgehoben wird. Die geschickte Staffelung der verschieferten Dachaufbauten erreicht »spielend« den Anschluß an die Höhe der Nachbarbauten und der Backstein nimmt die in der Nachbarschaft vorherrschende Materialmischung auf.

Das Gesamtgebilde ragt aber auch darum aus der Fülle verwandter Lösungen heraus, weil es in der gestaffelten Anlage des Vorgartens in drei Ebenen den Vorgartenraum zur Einbindung in den Straßenraum nutzt, ohne durch Geländer überflüssige Trennungen zu schaffen. Derart wird der schön bepflanzte Steingartenkomplex zum Teil der Straße und zu einer Freude für den Vorübergehenden.

Auch die farbliche Gestaltung ist sinnvoll und richtig: der schwarze Anstrich der Fenster ninmmt die Farbe der Verschieferung auf und gibt dem plastisch bewegten Ganzen den ruhigen Halt.

Die Auskragungen verstärken nicht nur die Bedeutung der Eckbebauung, sondern betonen funktionell und ästhetisch die Spannung zwischen Büro-/Erdgeschoß und Wohnungen-Obergeschosse. Zugleich schaffen die Vorsprünge dem erdgeschossigen Eingangsbereich die ruhige Intimität. Dennoch ist diese Intimität nicht alles. Jeder, der an diesem Haus vorüberging, wird Mauern und Bepflanzung weniger als Abtrennungen, denn als Teil der Straße empfunden haben: beide, der Eingangsbereich und die Straße, bilden zusammen einen »Raum«, der Öffentliches und Privates zueinander in Beziehung setzt. Man darf ruhig sagen, daß ein Haus im städtischen Zusammenhang erst dann ein richtiges Haus wird, wenn es die »Beziehungen zu nebenan« herstellt und sich derart, in wahrhafter »Urbanität«, auch als einen Teil des öffentlichen Raumes mit darstellt. Es mag gerade heute wichtig

Ungewöhnlich: Schwarz neben schwarz

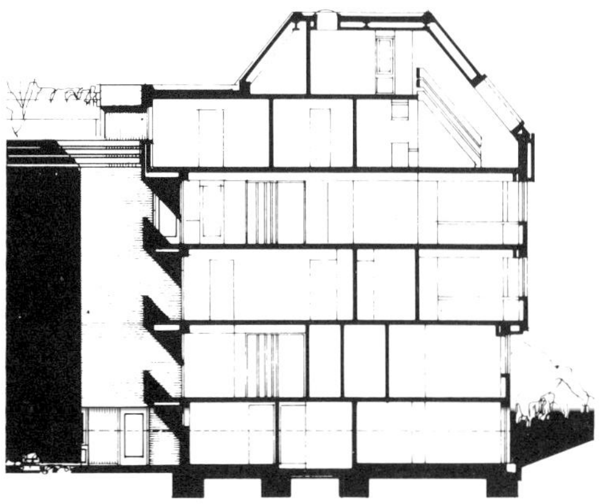

Rheinstraße 6a

sein, auf diese universelle Funktion des Einzelbauwerks hinzuweisen, die in den Meisterwerken, aber auch gerade im durchschnittlichen Bürgerhaus der Städte der Spätgotik, der Renaissance und des Barock so selbstverständlich erschien. Eine wahrhaft demokratische Urbanität, die als Grundhaltung nicht nur die Gesetze unseres Gemeinwesens bestimmt, sondern sich auch in den Bauwerken, in Straßen und Plätzen als solche Urbanität ausdrückt, ist über diese rein ästhetische Sprache hinaus auch ein moralisches, weil geselliges Faktum: wo Menschen noch in vernünftiger Weise als freie Bürger miteinander reden, wo sie den Raum finden, der solcher urbanen Haltung Wege eröffnet, da wandelt sich Zwang des Zusammenlebens in die freie Geselligkeit, die damit zur moralischen Instanz des Miteinanderlebens wird. Freiheit aber schließt als verwirklichte Urbanität Terror aus. Gerade die gegenwärtige Lage (dies wird Ende September 1977 geschrieben) macht klar, wie sehr eine in solch freier Urbanität geeinte Öffentlichkeit auf die Dauer dem Verbrechen des Terrors den Boden entziehen muß. Wo der öffentliche Raum das urbane Gespräch anbietet und es zum unausgesprochenen Gesetz der Urbanität macht, kann auf die Dauer Terror nicht gedeihen. Zu ihrem Teil können also die Erbauer von Häusern, die Bauherren und die Architekten, zur Begründung einer öffentlichen Sittlichkeit beitragen, die ohne Zwang und doktrinäre Normierung des Verhaltens zur Begegnung der Bürger in geselliger Freiheit beiträgt. Wobei hinzugefügt werden mag: das, was hier gemeint ist, geht über alle Urbanität der Jahrmärkte, der Flohmärkte oder von Veranstaltungen à la »Alsterlust« oder »Weserlust« natürlich weit hinaus, weil es sich nicht in der Ausnahmesituation von Festen, sondern im Verlauf der nüchternen Alltäglichkeit vollzieht.

Plastisches Relief der Baumassen

Altenheim und Altenpflegeheim, Göteborger Straße 34/36

An die Besprechung des Hauses in der Rheinstraße 6 a (Neustadt) schließt sich sinnvollerweise wegen der plastischen Gestaltung das auch mit dem BDA-Preis 1974 ausgestattete Altenheim und Altenpflegeheim in der Göteborger Straße 34/36 an (Bauherr: Caritasverband Bremen, Architekt: Dipl.-Ing. Veit Heckrott). Dies nicht, weil es vom Thema her etwas Gemeinsames gäbe. Man könnte kaum Verschiedeneres heraussuchen, auch vom Umfang der Aufgabe her.

Wir wollen jedoch die Diskussion des Problems Altenheim, dessen Gettocharakter in den letzten Jahren auf vielfältige und nicht unbe-

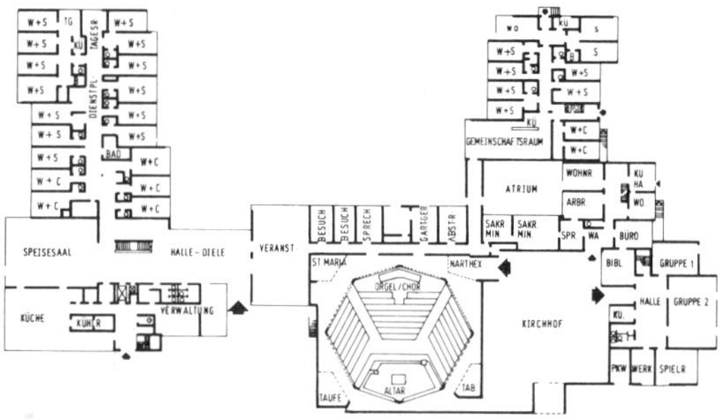

rechtigte Kritik gestoßen ist, außer acht lassen, und statt dessen nur rein architektonische Fragen erörtern. Sie haben in diesem Falle bei der Beurteilung durch die Jury – der wir generell zustimmen – nicht die angemessene Berücksichtigung erfahren. Zwar verweist die in der Jurybesprechung enthaltene Bemerkung, daß »Außen- und Innenräume eine für alle Menschen besonders angenehme Wohnlichkeit« hätten, auf einem Umweg auf ein wesentliches Faktum hin. Daß nämlich die durch den Umfang der Bauaufgabe bedingte Ballung von Backsteinmassen doch zu einer den Eindruck des Massenhaften vermeidenden Auflokkerung entwickelt worden ist.

Terrassen als Wohnqualität und plastisches Element

Für den aufmerksamen Betrachter ist ohne Betreten des Hauses zu erkennen, daß eine vielfältige Folge von Terrassen in allen Geschossen den Bewohnern ohne Verlassen ihres Geschosses eine Möglichkeit bietet, je nach Windrichtung und Sonneneinfall einen geeigneten Platz im Freien zu finden. Das volle architektonische Konzept wird allerdings erst verständlich, wenn man sieht, daß gewisse funktionelle Bedingungen (Terrassen in allen Geschossen und in verschiedenen Lagen) den Ansatz für eine plastische Reliefgestaltung der Backsteinflächen abgaben, die sie zu einem »sprechenden« Ganzen machen.

Im sozusagen das Ganze (optisch!) »tragenden« Erdgeschoß werden die Fensterreihen durch Vorziehen der Pfeiler zu einem plastischen Motiv, das diesen Tragecharakter durch die Betonung einer gewissen Vertikaltendenz verdeutlicht. Dieser Reihung im Erdgeschoß steht im Obergeschoß das Einzelfenster gegenüber: der Funktionsgegensatz von Räumen, die Gemeinschaftsaufgaben dienen, zu solchen, die individuell in Anspruch genommen werden, gehört zur architektonischen Sprache.

Hinzu kommt noch etwas anderes: durch gelegentliche Betonung der Eckfenster in den Obergeschossen, durch Vorspringen gewisser funktionell bedingter Teile im vierten Geschoß wird der entschiedene Wille zur Reliefgestaltung verstärkt. Eine ähnliche Funktion übernehmen auch mittels des Prinzips der Reihung die Entlüftungsrohre des Kaltdachs. Im Foto wirken sie wie ein bewußt hinzugefügtes dekoratives Element. Ihre zunächst rein funktionale Bedeutung gewinnt durch die Verstärkung des Reliefcharakters (und der durch ihn bedingten »Auflockerung«) auch ästhetischen Sinn.

Diese plastischen Verfahrensweisen wurden in der Architektur zuerst von den Malern und dann auch von den Architekten der Stijl-Bewegung in Holland entdeckt und entwickelt, bis sie dann Gemeingut einer bewußten architektonischen Gestaltungsweise geworden waren, die man als »Funktionalismus« falsch versteht, wenn man diesen Begriff mit »Zweckerfüllung« gleichsetzt.

Hier muß einem Mißverständnis entgegengetreten werden, das in einer zu engen Auslegung des Begriffs »Funktionalismus« begründet ist. Zwar sagt einem die Vernunft, daß ein Bau sinnlos ist, wenn er den mit ihm angestrebten Zwecken nicht genügt. Insofern ist die Forderung nach richtiger Erfüllung von Zwecken berechtigt und – zugleich

Altenpflegeheim Göteborger Straße

trivial. Aber auch die beste Erfüllung der Zwecke garantiert nicht, daß diese Zwecke sich auch in der plastischen Erscheinung des Bauwerks »aussprechen«, daß sie an ihm, als charaktergebend, »abgelesen« werden können. Darauf aber kommt es an: das Problem der »Ästhetik im Stadtbild« wurzelt gerade in dieser Bedeutung der Architektur als einer Sprache, die von allen verstanden werden kann und – im Abschreiten der Straßenräume und Plätze auch verstanden wird. Architektur ist als an jedem Einzelbauwerk durchartikulierte (und das heißt stets auch individalisierte) Sprache zugleich orientierunggebend, sie sagt mir, als Ausdruck ihrer Zwecke, wo ich mich in einer Stadt befinde. Sie deutet mir zum Beispiel das Zentrum in alten Städten sehr klar: mit Rathaus, Hauptkirche und großem Marktplatz als öffentlichem Forum. Die Art, Größe und Stellung der Fenster hat dabei eine besondere Bedeutung, wie die Soziologen herausgefunden haben: die, zwischen dem »Inneren« (Privaten) eines Bauwerks und seinem »Äußeren« (Baumassen, Öffentliches) zu vermitteln. Man kann in der Tat bei vielen wichtigen Bauwerken den inneren Gehalt an der äußeren Erscheinung ablesen: durch die großen Fenster des Hauptsaals eines Rathauses artikuliert sich ein derartiger Bau beinahe selbstverständlich in einer öffentlichen Aufgabe. Alle ästhetischen Erscheinungen an einem Bauwerk sind also von einem allgemeinen Sinn umgriffen, durch den das Bauwerk »spricht«. Blickt man nach solchen Überlegungen nochmals auf das vorgestellte Altenheim, so wird auch hier ohne weiteres gesehen werden können, daß sich in ihm »öffentliche« Teile (etwa die unteren Gemeinschaftsräume mit ihren Fensterreihen) von den »privaten«, mit den isolierten Einzelfenstern in den Geschossen deutlich unterscheiden: die gegensätzlichen Funktionen werden so Elemente der architektonischen Sprache und dienen zugleich der Orientierung. Man weiß schon von außen, wo man Gemeinschaftsräume zu suchen hat. Daß dies nicht in brutaler, sondern sorgfältig aufeinander abgestimmter Form geschieht, macht die Qualität dieses Bauwerks aus. »Zweckausdruck« rangiert, architektonisch betrachtet, vor »Zweckerfüllung«, obwohl beide »dialektisch« aufeinander bezogen sind.

Das Fenster als Kontaktmittel

Am Verputz scheiden sich die Geister

Erneuerung der Kirche U. L. Frauen ausgezeichnet und doch umstritten

In meinen architekturkritischen Überlegungen, die sich an den BDA-Preis Bremen 1974 anschlossen, hatte ich den Urteilen der Jury fast immer zustimmen können, sie lediglich in historischer oder analytischer Hinsicht etwas eingehender erläutert, um die architektonische oder städtebauliche Problematik dem interessierten Publikum ohne allzu fachspezifische Terminologie schmackhaft zu machen.

Mit dem heutigen Beitrag nähern wir uns wesentlich problematischeren Fragen, da die Jury auch baudenkmalpflegerische Leistungen einbezogen hatte. Bei ihrer Beurteilung spielt aber nicht nur der Gesichtspunkt des Architekten, sondern auch der des Historikers und Baudenkmalpflegers – der seinerseits Historiker sein muß – eine nicht zu unerschätzende Rolle.

Freilegung der Bausubstanz?

Das Jury-Urteil über den Umbau von U. L. Frauen von Prof. Dieter Oesterlen, Hannover, läßt die Katze schon mit den ersten Sätzen aus dem Sack: »Die ebenso entschlossene wie vorsichtige Freilegung der Bausubstanz . . . und die großartige Bindung, die der Gesamtraum durch die Herausschälung der strukturellen Elemente im Laufe der Wiederherstellungsarbeiten erfahren hat« . . . haben es eben als preiswürdiges Objekt empfohlen.

Gerade hiergegen richtet sich die in diesem Falle völlig legitime Kritik der Baudenkmalspflege. In der Tat: der historischen Wahrheit entspricht die Entfernung des Putzes der Gewölbekappen keineswegs. Bis auf einen kleinen Rest (»vorsichtige Freilegung«!) der ursprünglichen gotischen Malerei, der sich nun eigentlich wie ein Stück zerrissenes Hemd ausnimmt, hat man den Putz entfernt, derart die Mauerwerksstruktur der Kappen freigelegt (das nennt sich dann: »Bausubstanz») und damit einer an ihrer Stelle berechtigten, hier aber nicht sinnvollen Tendenz des modernen Architekten Tribut gezollt: Offenlegung der konstruktiven Strukturen, Materialgerechtigkeit (seit Semper und Morris sowie den Bestrebungen des Deutschen Werkbundes usw. bis heute ein grundlegender Glaubenssatz des modernen Architekten).

Blickt man in die Gewölbe, so kann man den Spaß am Mauerwerk der Kappen, am Verlauf der Fugen verstehen und solche »Freilegung«, wie sie am Mauerwerk etwa auch im Dom zu Ratzeburg erfolgte, begreifen. Jedoch die bauliche Struktur würde durch Verputz keineswegs gestört, der Verlauf der tragenden Rippen im Gewölbe sogar klarer herausgearbeitet – und, dies ist entscheidend: der Raum der drei Hallenjoche würde wesentlich heller und weiter. Das wieder betrifft die wirkliche »Bausubstanz«, die nicht unbedingt in trivial-materialisti-

Innenraum der restaurierten Liebfrauenkirche

scher Auffassung in der Freilegung des konstruktiven Apparates gesehen werden muß. Dieser von der Ideologie des 19. und 20. Jahrhunderts her verständlichen Auffassung tritt daher der Historiker und Denkmalpfleger nicht nur von seinen historischen Perspektiven her entgegen.

Ästhetische Argumente

Schließlich gibt es aber über das rein Historische hinaus noch ein ästhetisches Argument, das das Baudenkmalpflegerische stützen kann: die ausgezeichneten farbigen Glasbilder von Manessier bekämen – man probiere das ruhig einmal! – im Kontrast zu einem gedämpften Weiß eine ganz andere farbige Aktionskraft! Der Raum, wie er jetzt in seiner Backsteinhülle (die an sich ihren ästhetischen Reiz hat) sich darstellt, ist viel zu düster und entspricht weder den Absichten der Erbauer noch den immanenten Gesetzlichkeiten eines Hallenbaues: den Raum zu weiten, von seiner materiellen Schwere möglichst zu befreien, und das bedeutet symbolisch, die Enge der damals noch wirksamen Denkstrukturen zu sprengen. So gesehen hat eine unter modernem Architektenethos verständliche Erneuerung eines alten Bauwerks zu einer Verengung und – im wörtlichsten Sinne – Verfinsterung eines ursprünglich auf Befreiung angelegten Konzepts geführt.

Die Denkmalpfleger

Natürlich ist das kritische Urteil nicht immer so einfach. Im Falle von U. L. Frauen hatte man ja das, was die Denkmalpfleger als den »letzten geschlossenen Zusammenhang« eines Baukomplexes zur Richtlinie jeder Erneuerungsarbeit an alten Bauten machen, noch klar vor sich. Und nur geringe baugeschichtliche Kenntnisse konnten allein schon genügen, den richtigen Weg festzulegen. Wozu dann verstärkend noch die genannten ästhetischen Erwägungen kommen.

Wie aber, wenn der baugeschichtliche Entwicklungsweg eines Bauwerks durch die Jahrhunderte komplizierter ist – wie beispielsweise im Falle der Domerneuerung? Wo soll man anknüpfen: an den romanischen Anfang oder später an die durch eine protestantische Liturgie ganz anders zu organisierende Raumsubstanz, an die Beiträge des 19. Jahrhunderts oder noch spätere? Das zu erörtern, ist nicht mehr Gegenstand dieser Überlegungen. In jedem Falle: baudenkmalpflegerische Gesichtspunkte decken sich nicht ohne weiteres mit denjenigen moderner Architekturtheorie. Der Rezensent findet auch die freigelegten Kappen »schön«, kann jedoch nicht entdecken, daß der Gesamtraum durch die »Herausschälung der strukturellen Elemente« eine »großartige Bindung« erfahren habe. Die bliebe ihm auch beim Verputz der Kappen erhalten – und der Raum erhielte seinen in seiner Struktur selbst angelegten »Sinn«: den der Weitung, der Befreiung und den der Aktivierung der farbigen Glasmalerei.

Wohnen im Grünen, nicht weit vom Stadtzentrum

Häusergruppe
Schwachhauser Heerstraße 361/63

Wohnen im Grünen – und nicht weit vom Stadtzentrum mit günstigen Nahverkehrsmitteln: Das ist gewiß eine der idealen Wohnformen, die ruhiges und individuelles Wohnen mit den heute aktuellen urbanen Tendenzen verbinden. Nur: derartiges Wohnen ist kostspielig, nicht allen zugänglich und wegen der hohen Preise derartiger Grundstücke in Zentrumsnähe nur Interessenten von einem gewissen Einkommen an möglich. Auch die Finanzkraft derartiger Schichten wäre überfordert, wenn innerhalb solcher Wohnbereiche nicht eine höhere Verdichtung, eine stärkere Ausnutzung des Bodens gesetzlich verankert würde, die einer größeren Zahl von Eigentümern eine Wohnform ermöglichte, die sonst nur besonders Begüterten zugänglich ist.

Hier allerdings bedeutet das richtige Maß das Geheimnis der Lösung: Auch bei hoher Nutzung muß für den einzelnen Wohnungseigentümer soviel Raum für eine bequeme und rationelle Grundrißnutzung vorhanden sein und vor allem breite, vor die ganze Wohnung gelegte Wohnterrasse angeboten werden, die ein derartiges Wohnen in zwei- bis dreigeschossiger Bauweise dem Zustand im freistehenden Einfamilienhaus gleichstellt. Hinsichtlich der Bereitstellung infrastruktureller Einrichtungen, wie vor allem der im Keller vorgesehene Garagenplätze und der Trennung der Fußwege vom Autoverkehr, ist ein derartiges Wohnen dem im Einfamilienhaus sogar überlegen.

Die Anlage in der Schwachhauser Heerstraße 361/63 entspricht in vieler Hinsicht diesen Anforderungen: Die Wohnblöcke sind in sehr individueller Form so gestaffelt, daß sich die Gesamtanlage vom Verkehrslärm der Straße wohltätig absetzt und der vorhandene Bestand an schönen alten Bäumen sorgfältig geschont wurde. Die im Innenbereich liegenden sieben Atriumhäuser stellen wohl ein Maximum ruhigen und doch stadtnahen Lebens dar. Durch die Staffelung der Wohnterrassen in Verbindung mit der Kellergarage ergibt sich eine nach der Gartenseite abfallende aufgelockerte Gesamtform, die sich nach dem Urteil der Jury »durch die architektonische Gesamthaltung gut in das vorhandene Wohngebiet ein(fügt)«.

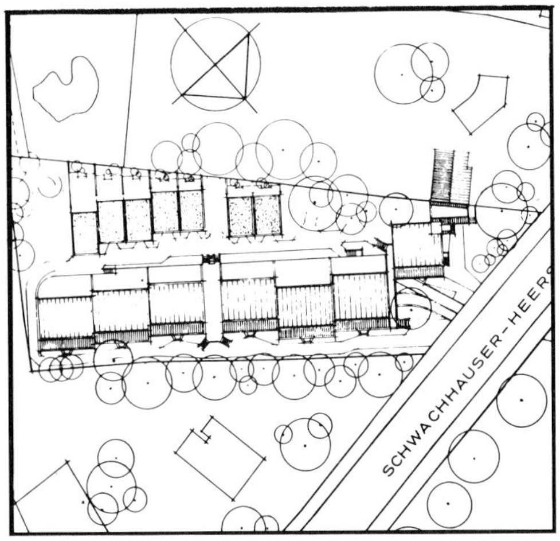

Nicht wenig trägt aber zu dieser Gesamthaltung die klare, auch farbig durch den Gegensatz von Schwarz (Fenster) und Weiß (Steinfronten) artikulierte architektonische Aufteilung der Fassaden bei, die auf der Nordseite durch schön belichtete Treppenhäuser, auf der Südseite aber durch die Plastik gebenden Terrassen gegliedert werden. Der Bremer Architekt Gerd Krüger (Planungskooperative) hat hier eine seiner besten Lösungen geliefert, getragen von dem Vertrauen seines Bauherrn und der interessierten Mitarbeit der Erwerber der Wohnungen und Atriumhäuser. Funktion, Plastik und kräftige ästhetische Detailformulierung fügen sich zu geglückter Einheit.

Die Gartenfront der Wohngruppe Schwachhauser Heerstraße 361–63

Bauwerke haben ihre eigene Sprache

Das Amerikanische Generalkonsulat

Wäre »die Geschichte« ein Subjekt, so könnte man von ihr, an einen alten Slogan anschließend, wohl sagen, sie gehe manchmal seltsame, manchmal auch logisch erscheinende Wege. Man kann das erkennen, wenn man als Spaziergänger in der Stadt sich das Vergnügen macht, auf ihren Häusern und Wänden ihren Straßen und Plätzen, ihren einzelnen Quartieren und schließlich an ihrem nach den Zerstörungen des Krieges nur noch mehr oder weniger intakten Ganzen die Geschichten abzulesen, die an ihrer Gestalt gearbeitet haben. Denn die Stadt ist eine Sprache, die demjenigen Mitteilungen machen kann, der sie zu lesen vermag. Mitteilungen, die viel Bemerkenswertes über den Wandel der Zeiten und Denkweisen, über die Bewohner und ihre Lebensformen zu geben vermögen. Warum sollte man, im Anschluß an die Auffassungen der Linguisten und Strukturalisten, das einzelne Haus nicht als ein »Wort« (ein »Semantem«, wenn es in einem Zusammenhang steht), Straßen und Plätze nicht als Sätze, die verschiedenen Quartiere nicht als die einzelnen Kapitel des Buches auffassen, das das Wesen »Stadt« erfaßt und darstellt? Wie am Anfang das Wort war, so ist am Ende alles – Sprache.

Am Rande eines klassizistischen Quartiers

Macht man unter diesen Gesichtspunkten einen Spaziergang am Rande eines der würdigen alten klassizistischen Quartiere des bürgerlichen Bremen, so um Kohlhökerstraße, Fedelhören und Contrescarpe herum, so begegnet man am Kennedy-Platz gegenüber dem gut erhaltenen und mit Bremer Tradition erfüllten »Graphischen Kabinett« einem am Beginn der Wiederaufbauperiode nach dem letzten Krieg errichteten Gebäude, das viel von der Geschichte unserer Epoche im Spiegel der Baugeschichte zu erzählen vermag: dem 1953/54 errichteten amerikanischen Generalkonsulatsbau.

Treffend bemerkt das Urteil der Jury des Bundes Deutscher Architekten (BDA) zum BDA-Preis an das Konsulatsgebäude an, daß es einen wichtigen Orientierungspunkt für die deutsche Nachkriegsarchitektur abgegeben habe.

Es bringt nämlich nicht, wie viele wohl meinen könnten, mit dem Wechsel der Machtkonstellationen nun auch den »Amerikanismus« in der Architektur nach Deutschland, sozusagen als ein Merkmal der beginnenden Überfremdung und Internationalisierung aller Gestaltung und damit einen weiteren Antrieb zur »Sprachlosigkeit«, sondern ist im Gegenteil das Signum einer Rückkehr: das, was in Deutschland (Bauhaus) und Holland (Stijl-Gruppe) als Funktionalismus und Konstruktivismus in den zwanziger Jahren des Jahrhunderts sich herausgearbeitet hatte, war in diesem Lande, von Hitler gezwungen, zur Auswanderung verurteilt worden.

Das frühere amerikanische Generalkonsulat

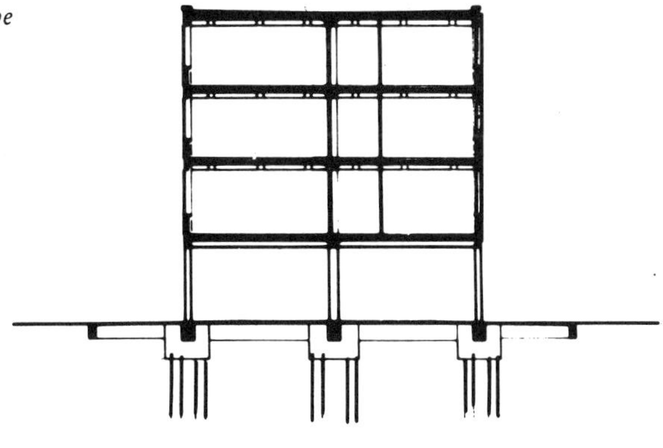

Mies van der Rohe, einer der Klassiker der modernen Architektur, der deutsche Meister und in seinen Bemerkungen immer knappe Wortführer des Funktionalismus, war auf seiner Flucht vor Hitler in Chikago gelandet – in eben jener Stadt, in der einer der führenden Architekten der »Chikago School of Architekture«, Louis Sullivan, zum erstenmal in einem Aufsatz über den Bürohausbau mit der Formel »form follows function« (Form folgt der Funktion) das Signal zum Nachdenken über die Formgebung neuer Bauaufgaben gegeben hatte. Unter dem Einfluß von Mies van der Rohe setzte sich auch in den USA eine erneuerte Chikago-Schule durch: und eine Botschaft von diesem Austausch ist das von den Architekten Skidmore, Owings und Merrill geplante Dienstgebäude des Amerikanischen Generalkonsulats in Bremen – in doppeltem Sinne eigentlich eine »Botschaft«.

Keine Nachahmung Mies van der Rohe's

Es steht am Rande eines klassizistischen Quartiers und gegenüber dem sehr würdigen klassizistischen Bau des Graphischen Kabinetts – als ein moderner klassizistischer Funktionalismus aus dem Geiste eines deutschen Architekten. Es gehört nicht zu jenen vielen Nachahmern dieser Tendenz, die sich später in gigantischer Langeweile in unsern Städten breitgemacht hat, sondern gibt sich in seinen vier Geschossen bescheiden als ein einfaches Verwaltungsgebäude, dessen besonderer Charakter als »Empfangsgebäude« sich sofort an dem weiten überdeckt-offenen Eingangsteil ablesen läßt. Daß es repräsentiert, merkt man nur an den Travertin-Brüstungen unter den breiten Fenstern, die sich in ihrer Teilung feingliedrig der Umgebung anpassen.

Die Konstruktion ist ein Stahlskelettbau mit klassizistisch streng durchgeführtem Raster mit einem Achsmaß von 6 zu 6 Metern. Über einer großen Empfangshalle liegen die drei Bürogeschosse, im Querbau sind alle Nebenräume, Küche, Snackbar, Lager usw., einschließlich der Garagen untergebracht. Die Folge der niedrigen gereihten Fenster zeigt deutlich diesen Charakter des Nebengebäudes. Ein simpler Bau, klar ablesbare Funktionen, wohltätig den Maßstab der Nachbarschaft aufnehmende Proportionen – in seiner Art eine meisterliche Leistung. Und ein Gespräch über die Kontinente hinweg – und zugleich eines über den Wandel der Zeiten, der Weg von Chikago nach Europa, nach Dessau und Berlin, wieder zurück nach Chikago und wiederum nach Bremen und vielen anderen Orten: Bauen im Spiegel der Geschichte, Bauen als allgemeinverständliche Sprache über die Begrenzung der Wortsprachen hinweg.

Optischer Akzent der Neuen Vahr: Unverwechselbar

Das Hochhaus
des finnischen Meisters Alvar Aalto

Ich erinnere mich an eine bezeichnende Episode aus der Tätigkeit meines Lehrers Hans Poelzig an der Technischen Hochschule Berlin, die für die nachfolgende Betrachtung aufschlußreich ist. Poelzig hatte gerade mit fünf anderen renommierten Architekten die Einladung zu einem Wettbewerb um das in Frankfurt (Main) zu errichtende zentrale Verwaltungsgebäude der IG Farben erhalten. Das Problem, von seinen Schülern bis in die Details analysiert, und mit einer überzeugenden Lösung abgeschlossen, schien keinerlei Fragen mehr offen zu lassen: Der spätere tatsächliche Gewinn des Wettbewerbs schien bereits vorhersagbar. Man hatte einen längeren Hauptbaukörper entwickelt, von dem kammartig die weiteren, der Organisationsgliederung entsprechenden Nebentrakte ausgingen – ein Organisationsschema, das zuerst von einem schwedischen Architekten gelegentlich des Wettbewerbs um den Völkerbundspalast in Genf in die architektonische Praxis eingeführt worden war.

Poelzig warf einen kurzen Blick auf das Ganze, nickte, nahm dann einen Bleistift – und machte aus dem langen Hauptbaukörper eine breitgeschwungene Kurve, von der nun die Kammelemente sich strahlenförmig absetzten. Der endgültige Entwurf war geboren.

Was war hier geschehen? Der an plastischen und räumlichen Vorstellungen des Barock geschulte Poelzig hatte sofort erkannt, daß der ursprüngliche Entwurf keinen Anfang und kein Ende hatte: Man hätte den Bau ja beliebig verlängern und beliebig weitere Kammzüge anschließen können. Es fehlte die einmalige, unverwechselbare Gestalt eines in sich geschlossenen architektonischen Gebildes. »Funktional« war alles »in Ordnung«, wie der damalige (und heutige) Architektenjargon lautete, aber – ein Organismus wurde aus dem Projekt erst mit der scheinbar einfachen, doch entscheidenden Umformung durch Poelzig.

Die Situation läßt sich leicht auf die Betrachtung des Aalto-Hochhauses übertragen, das der finnische Meister Alvar Aalto als nun schon kennzeichnendes plastisches Merkmal der Neuen Vahr in den Jahren 1960–1962 errichtete. Der zweimal gekurvte Grundriß in seiner südwestlichen Ausdehnung hätte sich unschwer »vereinfachen« lassen, wenn man die einzelnen Wohngrundrisse einfach rechtwinklig zur Basis aneinander gereiht hätte. Man hätte sogar vieles »rationaler« machen können, aber die plastische Einheit eines Organismus, als der heute dieser überzeugende Bau erscheint, wäre verlorengegangen.

»Organisches« Bauen, ein Wort, das wohl zuerst von Frank Lloyd Wright geprägt wurde, im deutschen Sprachraum durch Hugo Häring

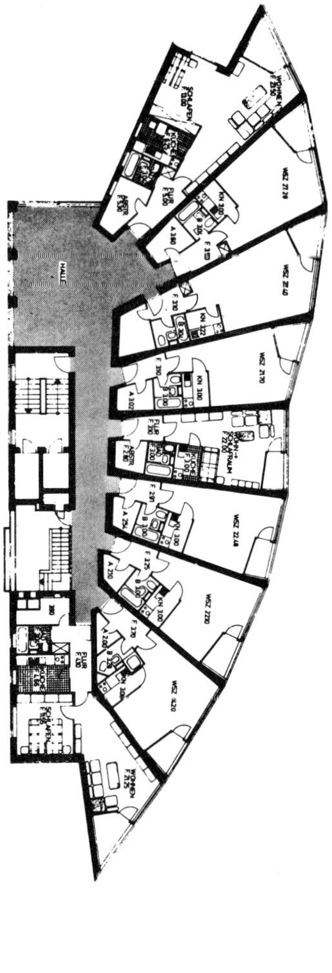

einen besonderen Sinn bekam und von Hans Scharoun und anderen in ihre Programmatik aufgenommen wurde, ist also lediglich eine Erweiterung des funktionalen Bauens in die Sphäre der »Gestalt« hinein. Und denkt man weiter, so ließe sich zeigen, daß die Forderung nach »Gestalt«, nach eindeutig wahrnehmbarer Individualisierung eines Baus keine bloß »ästhetische« Zutat ist, sondern eine Notwendigkeit, die aus der auch biologisch zu fordernden Orientierungsmöglichkeit folgt. Eine unendliche Folge gleicher Formen stiftet nicht nur Monotonie, sondern verhindert auch jede Möglichkeit, sich zurechtzufinden. Außerdem weiß man ja seit langem, daß der Wechsel der »Reize« — der optischen zumal — eine Notwendigkeit und sogar eine Bedingung der Überlebensmöglichkeit der Individuen in der modernen Massengesellschaft ist.

Eine überzeugende Lösung

Die Stadt als »Sprache«, als eine Summe meist unbewußt wirksamer »Mitteilungen« ist keine Forderung der Ästheten, sondern wird von Biologen und Soziologen in gleichem Maße vertreten. Der Aalto-Bau von 22 Stockwerken enthält eine Folge von Wohnungen verschiedener Form und Größe, die alle Südwest-Orientierung haben, neben einem Bad (bzw. Dusche) eine Kochnische, einen Vor- und Abstellraum enthalten. Der Hauptraum ist Wohn-Schlaf-Raum, eignet sich also für höchstens einen einzelnen, allenfalls für Verheiratete ohne Kinder. Eine Ausnahme machen lediglich die beiden flankierenden Endwohnungen. Ein Bau also für Sonderbedürfnisse, doch in diesem Rahmen eine überzeugende Lösung. Wie das Urteil der Jury des Bundes Deutscher Architekten (BDA), der dieses Bauwerk zusammen mit 16 weiteren Nachkriegsbauten im Lande Bremen mit dem BDA-Preis auszeichnete, sagt: »Das Aalto-Hochhaus gilt der Neuen Vahr als eine unverwechselbare ,einprägsame Landmarke.«

Dieser Bewertung muß man nun leider hinzufügen, daß dies Haus im Bereich der Vahr aber auch die einzige, in solcher Form »einprägsame Landmarke« ist. In der Laudatio der Preisrichter liegt also auch eine verdeckte Kritik an dem Fehlen anderer derartiger »Landmarken« — obwohl Schulen und Kirchen, Gemeindehäuser und Ladengruppen bei entsprechender räumlicher Gruppierung zu Straßengebilden und Plätzen durchaus solche Funktionen übernehmen könnten.

Landmarke der Neuen Vahr

Die Neue Vahr — sie gilt heute weithin als ein Torso, als ein Stadtgebilde ohne »Sprache«, ohne fortführende Raumgliederung, die das Spazierengehen zu einem fortlaufenden optischen Vergnügen machte und durch Einschaltung von »Landmarken« anzeigte, wo man sich befindet und wohin man sich zu wenden hat. In der Tat: die architektonische Strukturlosigkeit dieses Gebiets — besonders ausgeprägt in der Neuen Vahr Nord — ist der wesentliche Mangel, die man diesem doch sonst freundlichen Wohngebiet vorwerfen muß. Sonst freundlich — auch die Neue Vahr Nord ebenso wie die etwas individueller durchgebildete Vahr Süd, hat den unübersehbaren Vorteil dieser noch aus

Aalto Hochhaus in der Neuen Vahr

der Gartenstadtidee – bereichert um die Idee der »Nachbarschaften« – entsprungenen städtebaulichen Konzeption: alle Wohnungen haben eine direkte Beziehung zum Grün. Wirkliche »slums« werden hier nicht entstehen. Aber jene menschliche und bürgerliche Spannung zwischen »Öffentlich« und »Privat«, wie sie zur Voraussetzung jeder innerstädtischen Kommunikation gehört, tritt hier gar nicht erst auf.

. . . aber die Urbanität fehlt!

Und zwar aus dem umgekehrten Grunde, aus dem dies Verhältnis im Zentrum unserer großen Städte sich auflöste. Während im Stadtzentrum der Bürgersteig – als Ort der Begegnung von privatem und öffentlichem Bereich – immer stärker zugunsten des Verkehrs eingeschränkt wurde, während seine Funktion als eines kleinen perpetuierenden Forums, wo man sich trifft, flaniert und schwätzt, verloren ging, weil die Straßenbauämter das Vorrecht der Planung zugunsten des Verkehrs rigoros wahrnahmen, ist es hier in den Weiten der Neuen Vahr ganz anders. Bürgersteige gibt es – aber es sind keine Foren, keine Orte des Miteinander-Sprechens, des Schwätzens und des Flanierens, der Urbanität. Und zwar einfach darum, weil sie sich in der Weite der Landschaft und der Grünräume verlieren, der Blick keinen Halt und der Fuß keinen Aufenthalt findet, um betrachtend stehen zu bleiben oder am Straßenrand die Sitze eines Lokals zu nutzen zu intermittierendem Gespräch oder einfach auch zu ruhiger Nachdenklichkeit. Diese schönen gründurchwachsenen, so gesunden Wohnbezirke, von vielen Ausländern (nicht ganz zu Unrecht) bewundert, werden derart überraschenderweise zu Symbolen humanen Defizits. Man kann hier schöne Spaziergänge machen – aber kann man auch verweilen, wenn man von Spielen und dergleichen absieht? Für die alten Cities oder Stadtzentren hat man eine Lösung für das Humandefizit gefunden: die Fußgängerzonen, die sich in so vielen deutschen Mittelstädten als eine segensreiche, sowohl ökonomisch nützliche, wie menschliche Kontakte fördernde Einrichtung erwiesen haben – man denke an Oldenburg, Lüneburg, Celle, an Hameln, Goslar und andere. Man unternimmt jetzt Anstrengungen, ein anderes offensichtliches Defizit auszumerzen: das Fehlen eines Jugendzentrums. Aber man muß sich klar darüber sein, daß selbst hier, im Umkreis der »Berliner Freiheit«, kein wirkliches Forum mehr entstehen wird. Stadt muß eben – und da ändert auch eine Landmarke wie das Aalto-Hochhaus gar nichts – als fortlaufende Rede, »Sprache« der Bauwerke, der Straßen im Zusammenhang mit ihnen und Plätzen begriffen werden, um Ausdruck wirklicher »Öffentlichkeit« werden zu können. Unter diesem Gesichtspunkt ist also die städtebauliche Konzeption der »Neuen Vahr« mißlungen. Sie ist ein gut geordnetes hygienisches Ensemble von Wohnungen – und keine Stadt. Nicht, daß sie einige acht- bis vierzehngeschossige Hochhäuser in sich birgt, macht ihr Humandefizit aus, wie einige Ideologen meinen – Paris hat unter ungünstigeren Umständen in seinen Zentren, am Rande seiner grünen Boulevards Häuser mit nicht weniger Geschossen –, sondern daß man auf ihren Stra-

Ein hygienisches Ensemble ergibt noch keine Öffentlichkeit

ßen nicht schwätzen mag. Diese einfache Tatsache wiegt schwerer als andere Mängel: denn von Gesprächen muß erfüllt sein die Polis, wenn die Bürger wirklich ihre Angelegenheiten als die eigenen erfahren wollen und sollen. Und so wird es denn wohl Zeit, daß nicht mehr Verkehrstechniker, Soziologen oder Systemtheoretiker über den Bau neuer Städte entscheiden, sondern die Architekten, die begriffen haben, daß die Stadt lebendige Sprache der Räume und der Einzelbauten ist, in denen der Bürger seine eigene Sprache wieder zu finden vermag. Das meinte Hölderlin – und keineswegs überschwenglich – »... daß ein Gespräch wir sind ...«

Von heutigen sozialen Vorstellungen

Die Wohnanlage »Großer Kurfürst«

Bremen war vor dem Kriege eine Stadt des Einfamilienhauses, vorwiegend des Einfamilienreihenhauses, durch das ganze Stadtviertel in differenzierter Form ihre eigentümliche Prägung erhielten. Manche, wie das vordere Schwachhausen, das Ostertorviertel, das Fesenfeld oder das Steintor oder gewisse Teile der Neustadt sind noch relativ gut erhalten, andere, wie der Westen oder die Herdentorsvorstadt, sind als Folge des Krieges verschwunden. Dennoch, das Bremer Haus hat hierzulande noch seinen Ruf und eine Tradition, die es zu erhalten gilt, wo immer das zu tragbaren finanziellen und sanitären Bedingungen möglich ist.

Sie erklärt aber auch ein anderes Faktum, das eine mehr negative Seite dieser Neigung zu bewährten traditionellen Formen hervorruft: daß man sich an der Weser nur mit Mißtrauen und weitgehendem Unverständnis den großen, nach dem Kriege entstandenen Wohnanlagen – wie Gartenstadt Vahr, Neue Vahr – zuwendet. Wir wissen zwar, daß dem Entstehen dieser großen Wohnkomplexe schwerwiegende und nicht umkehrbare gesellschaftliche Strukturwandlungen – von den Folgen des Krieges ganz abgesehen – zugrunde liegen, die niemand nach Belieben steuern könnte. Doch löst sich der Mensch ohnehin nur schwer und immer sehr langsam von liebgewordenen Vorstellungen. Die Idee, etwa den Teerhof mit derartigen traditionellen Reihenhausformen zu bebauen, entspränge – anders als die erforderliche Erhaltung und Sanierung vorhandener Substanz, zumal wenn sie noch authentische architektonische und historische Prägung aufweist – einem nicht mehr zu rechtfertigenden Romantizismus.

Der »Große Kurfürst« in der Kurfürsten-Allee

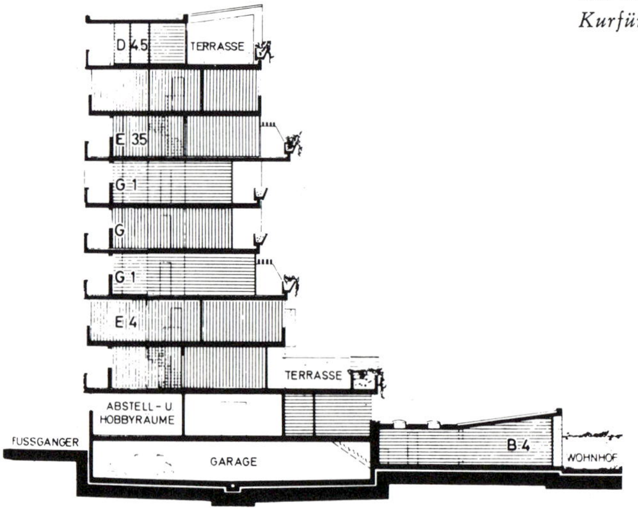

Die Tilgung der Defizite: ein Versuch

Innerhalb der mit diesen Erwägungen nur angedeuteten Problematik spielt nun eine Wohnanlage eine wichtige Rolle, die in den Jahren 1970–1972 von der Hanseatischen Wohnungsbau- und Treuhandgesellschaft errichtet und von den Architekten Spengelin und Baum (Hamburg) geplant wurde. Es ist die durch ihre schwarze Eternitfassade mit den weißen Streifen der Balkon- oder Laubengangbrüstungen und den roten Flächen des Hintergrundes mehr berüchtigte, denn berühmte Wohnanlage »Großer Kurfürst«, die von der Jury des BDA in die Gruppe der Preisträger eingereiht wurde.

In dieser Wohnanlage wurde, zum erstenmal in Bremen, eine Mischung sehr verschiedener Wohnformen versucht: vom Bungalowtyp mit Wohnhof über Terrassenwohnungen in zwei Geschossen, über Mietwohnungen und Eigentumswohnungen in mannigfachen Formen wurde ein breitgefächertes Angebot vorgelegt, das in der architektonischen Sprache sich deutlich dadurch ausprägt, daß trotz der Größe und Kompaktheit des Blocks keinerlei Kasernenhaftes oder Gigantisches sich im Gesamteindruck ausprägt.

Die als Ergebnis der Mischung verschiedener Wohnformen sich stark ausprägende plastische Gliederung mit vielfältigem Relief, die Bewegung der vertikalen Bauteile gegen die Horizontalen der Laubengänge und Terrassen machen aus dem Ganzen ein bewegtes und lebendiges Geschehen. Und das Schwarz der Eternitfassaden? Es ist nicht nur sehr zweckmäßig – es ist auch, hat man sich einmal an den Anblick gewöhnt, schön, zumal das bewegte Spiel der Farben Schwarz, Rot und Weiß dem Ganzen einen neuen Akzent hinzufügt. Wichtig an der Anlage die Anordnung der Garagen im Kellergeschoß, der Abstell- und Hobbyräume im Erdgeschoß in Eingangsebene und die auch im Jury-Urteil gerühmte »sorgfältige Gestaltung und Zuordnung der Kinderspielplätze zu den Freiflächen«.

Infrastruktur
und aesthetische Qualität

Wenn in diesen Überlegungen nicht nur von der vorzüglichen ästhetischen Lösung der Aufgabe die Rede war, sondern auch von den Wohnbedürfnissen, die mit ihrer Erfüllung bedient werden, so entsprang das der Notwendigkeit, an die Stelle bloß emotionaler Betrachtungen die nüchterne Analyse der sozialen Gegebenheiten zu setzen. Diese hervorragende Wohnanlage erfüllt mit ihren vielfältigen Infrastruktureinrichtungen gewiß ihren Zweck, aber damit wäre sie noch nicht Sprache – indem sie ihn aber auch ausdrückt, in ihren »Fassaden ablesbar« macht, wie das Jury-Urteil zutreffend formuliert, erzählt sie den Inhalt, erweckt sie ästhetisches Interesse.

Viele werden sich auch inzwischen an das Farbenspiel gewöhnt und über die vielfältigen Varianten gefreut haben, die sich ergeben, wenn der in dieser Stadtlandschaft so besonders schön zu beobachtende, oft dramatische Abendhimmel seine Reflexe über das Schwarz ausbreitet, daß es manchmal von Rosa bis Violett variiert . . .

Garten-Raum im Focke-Museum

Eine der schönsten heimatkundlichen Museumsanlagen

Das Focke-Museum
an der Schwachhauser Heerstraße

Warum sich der Bremer versagt und warum er zustimmt, das ist manchmal mit rein rechnerischen und vernünftigen Überlegungen keinesfalls einfach zu klären. Immer spielt wohl für ihn bei der Beurteilung architektonischer Leistungen mehr das ästhetische Gefühl als die Urteilskraft selbst eine wichtige Rolle. Stadthalle, Parlamentsgebäude oder das amerikanische Konsulatsgebäude sind kaum schon ganz angenommen – das Kaffeehaus am Emmasee und das Focke-Museum gewiß. Ja, das Focke-Museum wohl ganz besonders, dem man inzwischen, nicht nur seiner Inhalte wegen, einen durchaus »bremischen« Charakter zubilligt, obwohl es in seinen Prinzipien sich durchaus funktionalistischer Argumente bedient – und sie auch deutlich in der baulichen Gestaltung ausspricht.

Von der Negation her begreift man am ehesten den Unterschied zu früheren Museumsbauten: es fehlt dieser Anlage ganz das Feierliche, das Eliten zum Jubeln brächte, es ist populär, ohne deftig und brutal zu sein. In der lockeren Gliederung seiner Baukörper mit Innenhof und Öffnung der Museumsräume in Gartenlandschaften lädt es zum Verweilen ein, zum Spazierengehen, zur Betrachtung der Objekte ebenso wie zum unpräzisen Schlendern. Der Besuch dieses Museums ist, von allem Lernen und Erkennen abgesehen, derart vor allem eine ästhetische und seelische Lockerungsübung – und das ohne alle Prätention und bedeutende Gestik. Im Gegenteil, der Bau tritt im Inneren ganz hinter der Aufgabe zurück, die Objekte in schöner gelockerter Anordnung vorzuzeigen.

Es wird hier nirgends Architektur zelebriert, sondern nur in sinnvoller Gliederung des Gesamtkomplexes – Verwaltungstrakt, Eingangshalle mit Vortragsraum, ein- und zweigeschossiger Museumsbereich mit kleinem Sonderausstellungsraum –, in offenen, durch Stützenreihen gegliederten Wandflächen gegen geschlossene, ziegelbekleidete Wandteile eine schöne architektonische Gestik zu entfalten, der es nicht auf den harten Ausdruck der Funktion ankommt, sondern mehr auf die sanfte Überredung, ihr zu folgen und sie zu verstehen.

Und vielleicht ist damit schon gesagt, was das »Bremische« an dieser Architektur sein mag: ihre anmutige Nüchternheit, ihre lineare Musikalität, die der Gewinner des Wettbewerbs und der Erbauer Heinrich Bartmann ihr in großer Selbstverständlichkeit zu geben vermochte.

In diesem Gebäude, mit seiner lockeren Erstreckung in die Landschaft, sind alle Prinzipien des modernen Funktionalismus zum Tragen gekommen, jene Aufgliederung des Komplexes nach verschiedenen

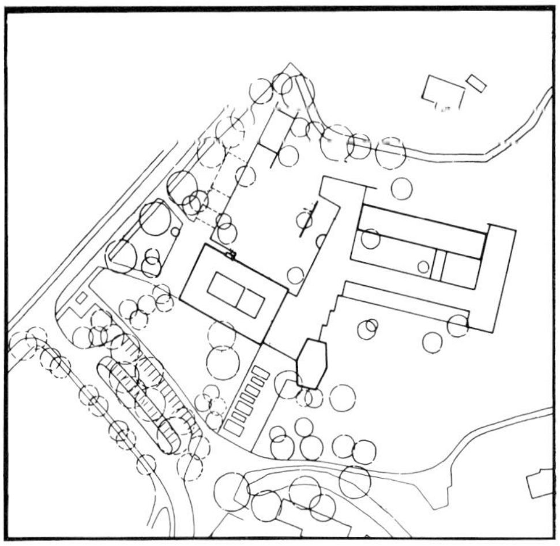

Geglückte Synthese von Landschaft und Architektur

Funktionsbereichen — Museum, Vortragssaal, Verwaltung —, die erstmals Frank Lloyd Wright mit seinen großen Wohnbauten für amerikanische Milliardäre in die Baukunst einführte. Es ist viel Liberalität, viel Weltläufigkeit in diesem Bau — wenn auch Bartmann keinen über das bis dahin Erarbeitete hinausgehenden Beitrag liefern wollte und konnte. Aber er hat exemplarisch zu zeigen vermocht, daß auch moderne Architektur keinesfalls brutal, sondern recht gesittet aufzutreten vermag — und er hat damit wohl einen größeren Beitrag zu ihrem Verständnis geleistet, als wenn er eine Genietat vollbracht hätte.

Nicht aufzufallen, die Mitte zu finden, sich in freier Liberalität, aber ohne Geschwätzigkeit zu entfalten, diesen ungeschriebenen Tugendkalender des bürgerlichen Bremers hat er mit dem architektonischen Ausdruck des Focke-Museums sicher getroffen. Und das ist nicht der geringste Teil seiner Leistung und gewiß der Grund für die Popularität dieses Bauwerks. Mit Recht spricht daher die Jury des Bundes Deutscher Architekten, das die Anlage mit einem Preis bedachte, von einer »der schönsten heimatkundlichen Museumsanlagen des Kontinents«. Der Rezensent kennt nur eine andere Anlage, die mit dem Bremer Komplex verglichen werden könnte, in ebenso schöner landschaftlicher Lage und gelockerter Anordnung: Lonisione, 40 km nördlich von Kopenhagen, eine Anlage, die etwa zu gleicher Zeit errichtet wurde wie das 1964 entstandene Bauwerk in der Schwachhauser Heerstraße.

Die Stadthalle

Ein Bau, bei dem die Ingenieure mitbestimmten

In diesen architekturkritischen Überlegungen ist der Leser schon häufiger dem Wort »Funktionalismus« begegnet und auch dem Slogan »Form follows function« (Form muß sich der Funktion unterordnen). Diese von Sullivan zuerst formulierte These, die die Zwecke eines Bauwerks zum eigentlichen Erzeuger seiner Form, des baulichen Endergebnisses, machen möchte, stellt offensichtlich eine nicht ungefährliche Verkürzung der wirklichen Vorgänge dar. Sicher, die Zweckbestimmung eines Bauwerks ist eine wesentliche Bestimmung seiner Form — sie ist nicht die einzige.

Das Material, aus dem es gebaut wurde, die Konstruktion, die zu seiner Verwirklichung führte (sie wiederum in engster Abhängigkeit vom gewählten Material — ob Stein, Holz, ob Stahl oder Beton), sind mindestens ebenso wesentlich und oft für die Gesamterscheinung, den

Die Stadthalle Bremen

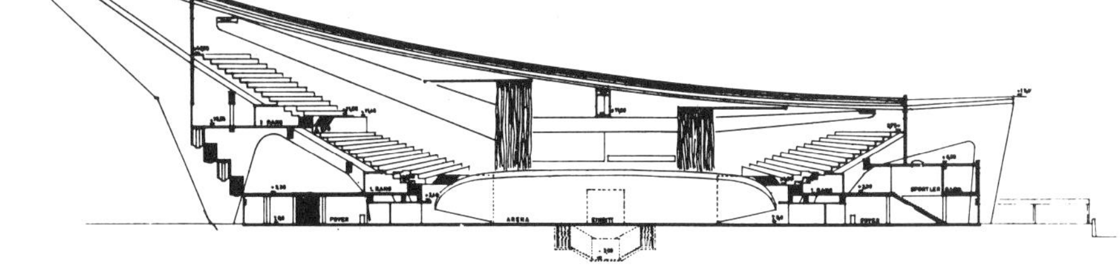

ästhetischen Charakter, entscheidender als der ursprüngliche Zweck. Innerhalb der Epoche des eklektizistischen Historismus tritt der Zweck sogar oft hinter einem vorweggenommenen Formprinzip zurück, das sich seinerseits mehr der Konstruktion und dem Material neben einem übernommenen Formenkanon verdankt als der Funktion des Bauwerks.

Was erscheint uns an alten Rathäusern, die oft nur mehr Museen sind, denn wichtig? Ihr ehemaliger Zweck? Was bestürzt uns, was läßt unser bewunderndes Herz schneller schlagen angesichts der Kühnheit spätgotischer Gewölbekonstruktionen – der Zweck, dem das ehemals diente oder die uns vorliegende Erscheinung?

Die Konstruktion hat Vorrang vor dem Zweck

So ist begreiflich, daß nach der Periode des Historizismus zwar zuerst der Zweck als das Suchgerät nach der Form wichtig wurde, daß aber schon sehr bald die Konstruktionen in Stahl und Stahlbeton den Vorrang vor den bloßen Zweckerwägungen bekamen. Schließlich hat ja der Zweck eine eigentlich recht triviale Funktion, wenn es beispielsweise gilt, große Menschenmassen in einer Halle zu versammeln, in der von allen Plätzen aus eine maximale Sichtfreiheit auf alle Punkte des Raumes gewährleistet werden soll, damit in einer Sporthalle, wie der Bremer Stadthalle, eine demokratische und zugleich ökonomische Forderung erfüllt wird.

Eine große Halle stützenfrei zu überbrücken, fordert aber besondere Konstruktionen, die sich nur in Großbindern, Großtragwerken oder Sonderformen finden lassen. Im 19. Jahrhundert hatte der Stahlbau in den großen Ausstellungsbauten – vom Londoner Kristallpalast bis zu den nachfolgenden großen französischen Ausstellungsbauten – den Vorrang. 1913 baute Max Berg in der Breslauer Jahrhunderthalle ein riesiges Kuppelbauwerk in Stahlbeton – und die Bremer Stadthalle, ein Sportpalast, ist einer der Nachfolger, der auch in seiner Konstruktion dem Laien sehr anschaulich zeigt, was hier vor sich geht. Die weit wie ein Schiffsbug vorstoßenden Stahlbetonbinder tragen gemeinsam mit dem auf der entgegengesetzten Seite liegenden »Widerlager« das durchhängende, stahlbewährte, aber relativ dünne Dach, das die Halle überspannt. Wenn das Jury-Urteil des Bundes Deutscher Architekten als Begründung für eine Preisverteilung formuliert, daß »die kühne Konstruktion ... mit der ausdrucksstarken architektonischen Gestaltung verschmolzen (sei)«, so ist das etwas mißverständlich: als ob es neben dieser Konstruktion überhaupt noch eine besondere architektonische Gestaltung gäbe – es sei denn die allerdings bemerkenswerte rautenartige Treppenführung, die als »ornamentaler« Faktor zwischen den Betonbindern in Erscheinung tritt.

Es handelt sich hier um eine »konstruktive Architektur«, wie es auch die Gotik war – und alle Konstruktion ist in dieser Hinsicht aus dem Geist eines gotischen Denkens, nicht auf dem Boden eines abstrakten Funktionalismus und der ihm entsprechenden abstrakten Ästhetik, etwa der der Stijl-Gruppe, gewachsen. Alles aber, was um die eigentliche Halle drumherum sich tut, ist bloße Zutat, funktionalistischer Anhang, ohne besondere architektonische Relevanz: etwas ärmlich hinzugefügt.

Von Erwin von Steinbach zu Pier Luigi Nervi und Max Berg

Immer gab es Architekten, die aus dem Geist der Konstruktion ihre Gebilde schufen – von Erwin von Steinbach bis zu Auguste Perret und Pier Luigi Nervi, dem großen Italiener, dessen Sportbauten Furore gemacht haben. Gehört der eigentliche Initiator dieser Architekturlösung, der Wiener Professor Roland Rainer, mit ihm der Bremer Max Säume, in diese Gruppe oder muß nicht ebenso nachdrücklich die Konstruktionsabteilung der Firma Dyckerhoff & Widmann genannt werden? In jedem Fall: Moderne Großkonstruktionen sind immer ein Gemeinschaftswerk vieler, von Architekten und Ingenieuren, wenn beide Berufe nicht in seltenen Fällen in einer Person vereint sind, wie bei Perret, Nervi und Max Berg.

Noch ein Letztes: Moderne Konstruktionen müssen gepflegt werden, wie schon bei der Besprechung des Kaffeehauses am Emmasee bemerkt wurde. Auch das Jury-Urteil weist darauf hin: »Trotz der schlechten Baupflege und der kleinlichen Beeinträchtigung durch Lichtlametta hat das Bauwerk bis heute nichts an Rang eingebüßt.«

Das Baumaterial Beton kann besser sein als sein Ruf

Deutsche Apotheker- und Ärztebank

Es müssen nicht immer die Preise sein, aus denen das Gute wächst, es reichen durchaus auch Belobigungen, die unsere Aufmerksamkeit verdienen und darum genannt werden müssen, damit auch andere daraus lernen und für die eigene Arbeit Nutzen ziehen. Unter den Bauten, die die BDA-Jury mit einer Belobigung bedacht hat, fällt besonders das Gebäude der Deutschen Apotheker- und Ärztebank (Sitz Düsseldorf) in der Schwachhauser Heerstraße 41 auf. Es steht inmitten einer reinen Wohnbebauung – und wahrt trotzdem in jeder Hinsicht den Maßstab der Umgebung. Ohne seinen Charakter als Bankgebäude zu verleugnen, gibt es sich schlicht und verzichtet auf die sonst branchenübliche Repräsentation: Es ist ganz in einfachem, aber handwerklich gut ausgeführtem Sichtbeton errichtet.

Wie die Stadthalle, wenngleich in kleinerem Maßstab, ist es ein Beispiel konstruktiver Architektur. Das Gerippehafte, das der Stahlbeton ermöglicht (wie aber auch Stahl und Holz in jeweils anderer

Dimensionierung), deckt sich zugleich gut mit den inneren Zwecken eines solchen Verwaltungsgebäudes: der immer gewünschten Variabilität der Raumnutzung. Dazu dient das dem Entwurf zugrunde gelegte Büroraster von 62,5 × 62,5 cm, das wiederum, um das Sechsfache vervielfacht, ein Büromaß von 3,75 × 3,75 m ergibt. Diese Raumachse erscheint konsequent in der Fassade und bestimmt den Charakter des Bauwerks, das sich zugleich entschieden und feingliedrig zeigt.

Stützenfolge und Relief

Die vortretende Stützenfolge gibt ihm wegen der dadurch erzeugten Schatten ein kräftiges Relief, das dann in der Weiterführung in die Außenanlagen – die vorplatzbetonende und raumabgrenzende Wirkung von Betonblumenbecken, die doch zugleich den Straßenraum miteinbeziehen – seine logische Ergänzung erfährt. Solche »Verklammerung« von Bauwerk und Straßenraum, wie sie uns schon einmal vorbildlich begegnet war (nämlich in dem preisgekrönten Bau Rheinstraße 6 a) gibt dem Bauwerk etwas »Urbanes«, jenes schlichte und unaufdringliche bürgerliche Miteinandersein, das so charakteristisch für die alten Viertel dieser Stadt war und ist.

Zu dieser unaufdringlichen Repräsentation trägt aber auch wesentlich bei, daß neben dem Bedarf der Bank auch noch andere Bedürfnisse gedeckt werden: die des Hausmeisters mit seiner Wohnung im Staffelgeschoß und einiger anderer ergänzender Räume.

So fügt sich der Bau hervorragend in seine Umgebung ein und dürfte dazu beitragen, das leider durch andere Beispiele übel beleumdete Material Beton aus seiner Aschenbrödelrolle zu befreien.

Doch sind zum Verständnis der Rolle des Materials in der Gegenwartsarchitektur einige weitere Überlegungen erforderlich. Seit Beginn des modernen Bauens spielte der inzwischen etwas in den Hintergrund getretene Begriff der »Materialgerechtigkeit« eine Rolle: das im Bauwerk Sichtbare sollte nichts anderes vortäuschen, Holz sollte als Holz in seiner Konstruktion gezeigt werden, wie stets im historischen Fachwerkbau oder im Ständer- und Blockhausbau. Diese Gedanken wurden von Mies van der Rohe auf den Stahlbau, von Le Corbusier und einigen Japanern zuerst auf den Stahlbetonbau übertragen. Indem man die konstruktiven Elemente der Architektur zu ihrer eigentlichen Sprache macht, schuf man »une architecture brute« – eine reine, ungeschminkte Architektursprache, die sich aller höflichen Floskeln entledigte und Architektur, wie sie die Griechen in ihren klassischen Tempelbauten mit der Konstruktion zusammenfallen ließen. Daraus ergab sich die Kennzeichnung »Brutalismus« für eine Architekturauffassung, die durch die Ambivalenz des Begriffs »brut« (rein, ungeschminkt, »un champagne brut« – eine Qualitätsbezeichnung des französischen Champagners, die auf die gleichen Merkmale verweist) gegenüber dem deutschen Wort »brutal« eine gewisse Verwirrung hervorrief. Kurz: Brutalismus hat nichts mit Brutalität zu tun. Der gemeinsame Oberbegriff ist allerdings das Direkte, Unverstellte der Aussage. In diesem Sinne ist auch der »Deutsche Apotheker- und Ärztebank-Bau« in Bremen ein Werk des Brutalismus.

Deutsche Ärzte- und Apothekenbank

Allerdings muß hier eine Einschränkung gemacht werden. Ich halte die tektonische Gerüstkonstruktion für eine Übernahme aus dem Holzfachwerkbau bzw. aus dem Stahlbau. Diesen Materialien Holz und Stahl gegenüber hat Beton (ebenso wie Stahlbeton) ein sich von beiden unterscheidendes Merkmal. Nur als Fertigbeton ist er im selben Sinne wie Holz oder Stahl tektonisches Element. Als gegossener Ortsbeton entsteht er aus dem Gußverfahren und gewinnt von daher eine plastische Formbarkeit, wie sie den andern beiden Materialien nicht eigen ist – und dem Mauerwerk nur in begrenztem Maße.

Dies erkannt zu haben ist ein Hauptverdienst des Architekten Le Corbusier und im Anschluß an ihn einiger Japaner, unter ihnen vor allem der geniale Kenzo Tange. Den meisten Laien ist die Wallfahrtskirche in Ronchamp längst ein Begriff: sie ist eines der frühesten Bauwerke in Beton, die die Form aus dem Gußverfahren gewinnen. Das ergibt die eigentlichen Bauwerke unserer Zeit, die ihren unverwechselbaren Charakter bestimmen. Ohne dies Verfahren wären große und bedeutende Brückenkonstruktionen unserer Gegenwart – so etwa die große Brücke im Hamburger Hafenbereich – nicht möglich geworden. Auch die zahlreichen Kuppelkonstruktionen aus vorgespanntem Beton gehören hierher: in dieser Hinsicht ist der Brutalismus mehr als eine architektonische Methode, er ist der Konstruktionsstil der Bauten unserer Zeit – mehr als jede andere Konstruktionsform. Auch die Bremer Stadthalle gehört dazu. Und in eben diesem Sinne stellt der Bau der Ärztebank daher nur eine Vorstufe dar. Denn neben rein architektonisch-plastischen Erwägungen spielt bei jedem Bau auch die Kostenfrage eine – meist entscheidende – Rolle. Und jede Kurve setzt natürlich in der Schalungsarbeit gegenüber den Geraden einen erhöhten Zeit- und Materialaufwand voraus. So eindrucksvoll ein Bauwerk wie Ronchamp wirkt – als reines plastisches Gebilde, in der Ausdruckskraft der wie Hüte mit aufgestülptem Rand wirkenden Dächer – der Alltag und seine ökonomischen Prämissen werden der häufigeren Anwendung derartig aufwendiger Schalverfahren im Wege stehen. Der plastisch gegossene Beton gehört an sich schon zu den repräsentativen Verfahren, die auf wichtige Bauwerke beschränkt bleiben werden oder auf solche, deren Nutzung und Konstruktion ohne dies Verfahren nicht denkbar sind, wie bedeutende Brückenbauten oder Bauten der Industrie.

Synthese aus englischem Garten und Volkspark

Erholungsgebiet Werdersee links der Weser

In unseren bisherigen architekturkritischen Betrachtungen waren mit wechselndem Gewicht immer wieder die Kategorien der Architekturästhetik – Konstruktion, Funktion, Material, Form – als Akteure der Analyse aufgetreten. Dem aufmerksamen und kritischen Leser wird aber wohl nicht entgangen sein, daß eine entscheidende Kategorie bisher (mit Ausnahme eines Falles, der Liebfrauenkirche) kaum eine Rolle spielte: die des Raumes und der Raumgestaltung.

Unter dem Titel »Bauten für Bildung, Freizeit, Sport« des Juryberichts zum BDA-Preis 1974 erscheint auch das Erholungsgebiet am Werdersee. Und gerade bei der Erörterung dieser durchgeformten Kulturlandschaft kann der Begriff des Raumes gar nicht ausgelassen werden.

Den Bremern ist vielleicht bekannt, daß für die erforderliche wasserwirtschaftliche Maßnahme auch ein zwei Kilometer langer, entsprechend tiefer Kanal genügt hätte. Daß daraus dann ein See wurde, der im Mittelpunkt eines großzügig geformten Erholungsgebietes liegt, ist ein großes Verdienst der Freien Hansestadt Bremen als Bauherrn und des Gartenbauamts als Landschaftsarchitekten.

Dabei handelt es sich in diesem komplexen Raumgebiet nicht allein um den See und seine direkte landschaftliche Umgebung, sondern um das Sozialgefüge aus Friedhof Huckelriede (dessen Erdmassen aus dem Seeaushub gewonnen wurden), den umgebenden Kleingartengebieten, den Sportanlagen und den Bade- und Eislaufflächen zusammen mit gastronomischen Betrieben: ein Ensemble, das vielen Bremern gar nicht bekannt sein dürfte und doch zwischen Alt- und Neustadt eines der großartigsten Erholungsgebiete unserer Stadt ist.

Man kann diese Anlage unter mehreren Gesichtspunkten betrachten. Einerseits gehört sie in die Sozialgeschichte der Landschaftsgestaltung, andererseits in die Auseinandersetzung des Menschen mit der Natur und den verschiedenen Konstellationen, die dabei überhaupt möglich sind, wie es der Geograph Martin Schwind unter dem Thema »Kulturlandschaft als objektiver Geist« behandelt hat. Aber auch ein dritter Gesichtspunkt, der eigentlich ästhetische, ist wesentlich. Die räumliche Analyse dieses Gebildes kann wichtige Aufschlüsse geben, kann dem bloß betrachtenden Spaziergänger die eigentliche geistige Regie hinter dieser Landschaftsformung erschließen.

Landschaftsgestaltung als sozialgeschichtliches Phänomen

Zuerst zur Sozialgeschichte der Landschaftsgestaltung: vom italienischen Park mit seinen starken Bodenreliefs über die Parterres des barocken Gartens und seinen klassischen Ausformungen in Frankreich bis hin zum englischen Garten und dem sozial bestimmten Volkspark und dessen möglichen Kombinationen mit dem englischen Gar-

Landschaftsraum um den Werdersee

ten. So wie der barocke Garten Ausdruck der rationalisierten Etikette der feudalen Gesellschaft ist und ihren streng reglementierten, durch das höfische Zeremoniell bestimmten Lebensformen den entsprechenden formalen Rahmen liefert, der sich in klarer geometrischer Niederschrift darbietet, wie der englische Garten der bürgerlichen Emanzipation, der neuen Empfindsamkeit und dem Rousseauismus (als zurück zum Natürlichen) Ausdruck gibt, so ist der Volkspark der der modernen Gesellschaft genau entsprechende Landschaftspark.

Der Volkspark nämlich gibt nicht mehr nur lyrischer Betrachtung, sentimentalischer Hingabe an Stimmungen Raum, sondern macht die Wiese zur »Sozialwiese«, auf der sich Kinder und Erwachsene ungeniert tummeln können, nimmt Sport- und Bolzplätze in sich auf, schafft weite Grasplätze, auf denen Ballspiele und Drachensteigen möglich werden.

Wenn wie im Falle des Werdersees noch Wasserflächen dazukommen, die im Sommer Badegelegenheit bieten, im Winter Schlittschuhlaufen ermöglichen, wenn dazu noch ein künstlich geschaffener Rodelberg einbezogen wurde und im See eine »Vogelinsel« dem Naturschutz gewidmet ist, so entsteht eine Erholungsanlage, die in dieser Komplexität nicht eben häufig zu finden ist. Neben Bürgerpark, neben Rickmerspark und dem Botanischen Garten ist hier eine Erholungsanlage eigener Art entstanden, die heute nicht mehr weggedacht werden kann.

Die Gliederung eines Landschaftsraumes

Aber auch unter ästhetischen Gesichtspunkten, die für den reinen Spaziergänger im Vordergrund stehen, ist diese Anlage bemerkenswert. Der Gesamtraum des etwa zwei Kilometer langen und etwa zwei Meter tiefen Sees ist in drei klar erkennbare Räume gegliedert: in den westlichen Teil, der in die kleine Weser mündet und an seinem Beginn einige Bootsanleger aufnimmt, in den mittleren Teil mit dem eigentlichen Badesee, den großen Liegewiesen, schattigen Bäumen und Buschgruppen, und in den östlichen Teil mit der Vogelinsel und dem Rodelberg, dessen landschaftliche Gestaltung optisch die stärksten Reize bietet.

Nicht nur, daß man vom Rodelberg aus ein großartiges Panorama sich entfalten sieht, nach Norden hin mit den Domtürmen bis zum Weserstadion, auch der gepflasterte Pfad für Spaziergänger und Radfahrer bietet mit dem Blick auf Huckelriede und Habenhausen entlang den Buschgruppen und dem Erdwall, die die Werderseeflächen von den Kleingartengebieten und den Sportanlagen trennen, eine Fülle wechselnder Raumbilder.

An dieser Stelle übrigens könnte man sich im Verlaufe etwa eines Trampelpfades, der sich bereits ausgebildet hat, noch einige große Bäume als Einzelexemplare vorstellen, die den großartigen Raum noch stärker akzentuierten, ohne ihn zu verstellen und ohne den hier sich tummelnden Jungen mit ihren Drachen unangenehme Hindernisse in den Weg zu legen.

In diesem Erholungsgebiet vereinigen sich auf glückliche Weise die architektonischen Grundgedanken des Landschaftsparks englischer Herkunft mit den sozial betonten Ideen des Volksparks zu einer seltenen Einheit.

Ein Bauwerk von unverkennbarem Zeichencharakter

Gemeindezentrum St. Birgitta im Marßeler Feld

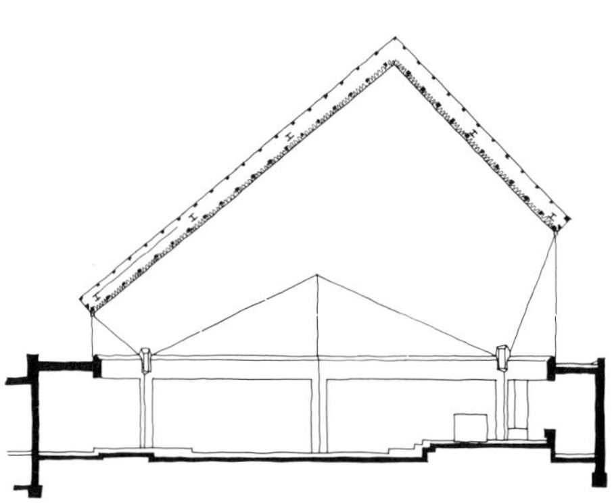

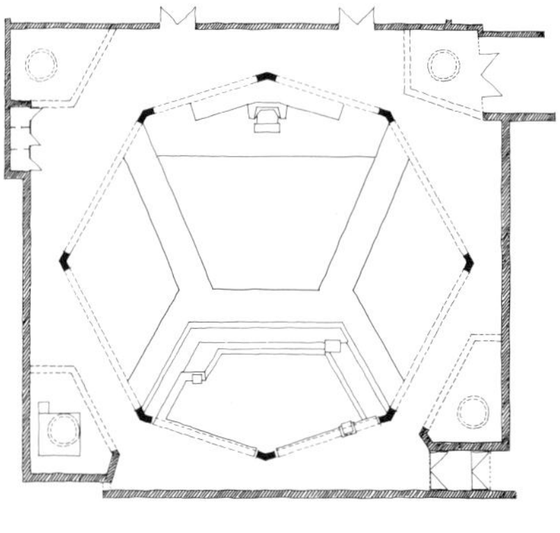

Mit dem Altenheim und dem Altenpflegeheim des Caritasverbandes Bremen e. V., dessen architektonische Struktur innerhalb unserer Architekturserie bereits erörtert wurde, bildet das von der katholischen Kirchengemeinde in Bremen-Lesum errichtete Gemeindezentrum St. Birgitta eine architektonische Gruppe. In beider einheitlicher Materialgestaltung wurde eine unübersehbare optische Einheit geschaffen, die ein wirkliches architektonisches Zentrum ergibt. Es ist als ein glücklicher Umstand zu preisen, daß zwei Bauherren sich auf einen Architekten und dessen baukünstlerische Vorstellungen zu einigen vermochten.

Die Konzeption des Architekten (Dipl.-Ing. Veit Heckrott, BDA) für das Altenwohnheim setzt sich sowohl im Material als auch in der den Gesamteindruck bestimmenden plastischen Reliefgestaltung der Mauerwerkskörper in dem Bau des Gemeindezentrums erkennbar fort. Wir können für diesen Teil unserer Überlegungen auf das verweisen, was gelegentlich der Analyse des Altenheims bereits gesagt wurde.

In die Gesamtgruppe kommt jedoch eine starke Spannung durch die in das Gemeindezentrum eingebundene Kirche. Sie weicht von allen traditionellen Vorstellungen stark ab, erhält aber durch die Dachform der Kirche den unverwechselbaren Charakter. Der gesamte Kirchenraum ist auf der Grundlage eines annähernd quadratischen Baukörpers konzipiert, in den ein unregelmäßiges Achteck hineingestellt wurde, das die eigentliche geistige und räumliche Mitte des Komplexes ausmacht. Diese Gesamtform, für jeden Laien erkennbar und ablesbar durch den umlaufenden wuchtigen Ring aus Stahlbetonbalken, wird ihrerseits von acht Stützen getragen. Sie geben dem Raum die breit gelagerte Ruhe und Ausgewogenheit. Auf diesen Ring und die Stützen ist das Stahldach gesetzt, das in Form einer »Mütze« – die nur auf den acht Punkten aufgelagert ist – die Vertikalrichtung als symbolischen Hinweis in die Raumform einbringt: Andererseits schafft sie aber auch

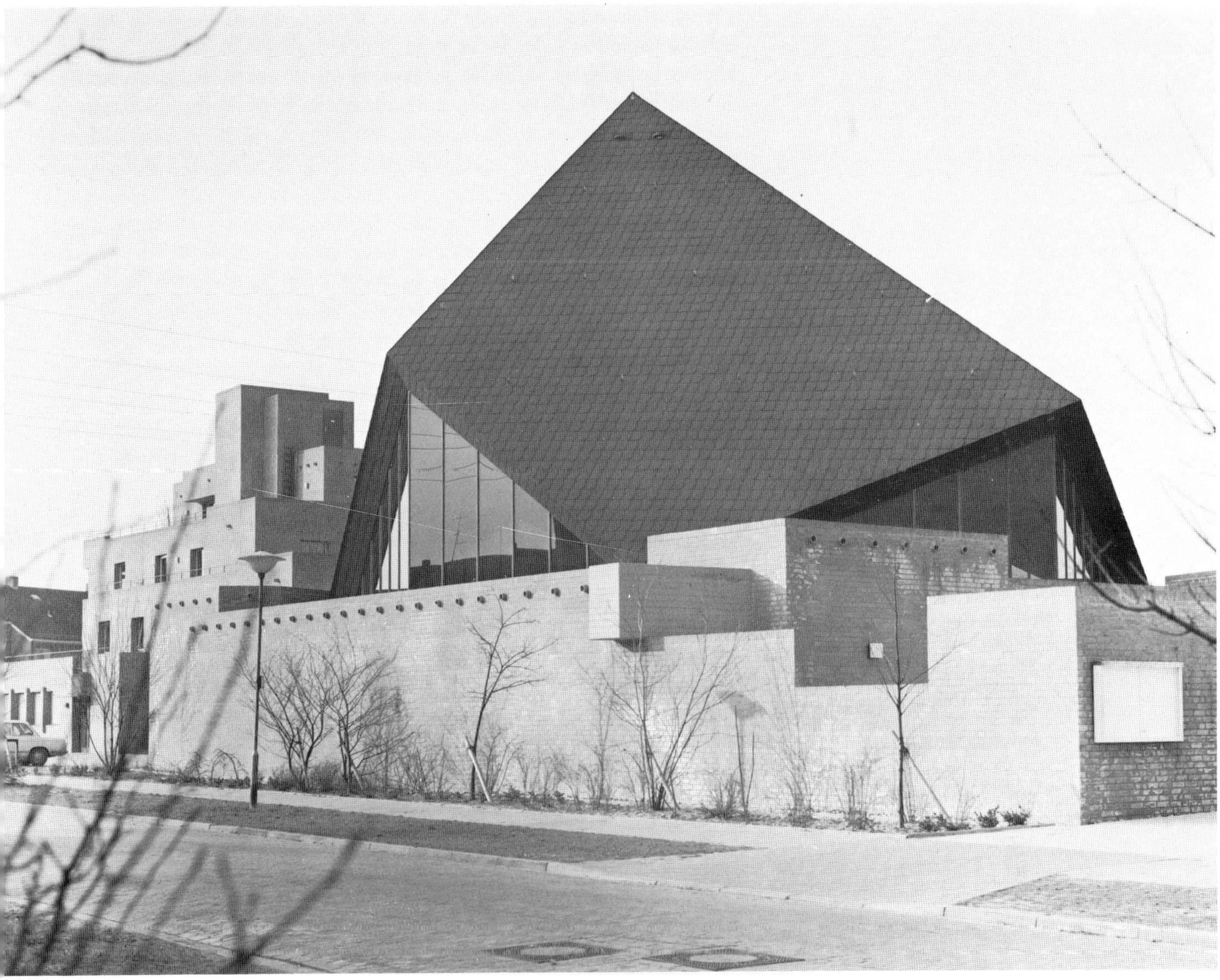

Kirche im Gemeindezentrum St. Birgitta

die den Raumcharakter wesentlich mitdefinierenden Dreiecke, über die das Innere belichtet wird. Es ergibt sich eine überzeugende Übereinstimmung von Konstruktion, Material und Raumform, deren individuelles Konzept das Ganze als einen städtebaulichen Akzent des ganzen Marßeler Feldes bestimmt.

Trotz des völligen Verzichts auf alle ornamentalen Details, die durch die linienbetonenden Akzente der Lüftungsrohre und durch die feinsinnige plastische Stufung der Mauerwerkskörper überflüssig werden, ist der symbolische Charakter des Bauwerks unverkennbar. Wer unseren bisherigen Erwägungen über Architektur als nichtverbale Sprache gefolgt ist, versteht ohne weiteres, was der »Zeichencharakter« eines Bauwerks hier meint.

Die Sprache der Materialien

Die Spannung undurchbrochener geschlossener Backsteinflächen gegen die darüberliegenden großen Glasflächen und das hohe geschuppte Dach in präzisen geometrischen Formen »spricht« so klar, daß kein Zweifel über Sinn und Zweck des Ganzen aufkommen kann. Architektur gehört in diesem Sinne auch zu den »darstellenden« Künsten, wie ja die Kathedrale auch Darstellung des Weges zum Reich Gottes ist.

Das wird zwar heute nüchterner gesagt und auch nüchterner gesehen, aber bei allem Mangel an Überschwang, der unseren skeptischer gewordenen Geistern eigen ist, kann nicht verkannt werden, daß in den einfachen Geometrien dieser Baukörper ein transzendierendes Element liegt, das man auch heute noch respektieren kann.

Die Nachbarschaft von Alt und Neu

Anmerkungen zur Erweiterung des Postgebäudes an der Domsheide

Das Problem der Verbindung von alt und neu ist ein Dauerproblem des architektonischen Wachstums und der baufunktionellen Änderung von Strukturen der europäischen Stadt – Seit Jahrhunderten. Doch hat es nie einen derart kritischen Charakter angenommen wie seit der Entwicklung des modernen internationalen Stils, der wohl das sichtbarste Zeichen der Planetisierung aller Vorgänge auf unserem Globus ist.

Die spannungsreiche Entfaltung der Bauformen von der Antike über frühes und hohes Mittelalter – Romanik und Gotik – bis zu Renaissance, Barock, Spätbarock, Klassizismus und selbst noch bis zum Jugendstil war bei aller Differenziertheit des Formenvokabulars doch eine einheitliche Entfaltung aus einem zentralen Systemgedanken, in dem die Materialien Backstein – verputzt oder unverputzt – Holz und Schmiedeeisen neben dem Naturstein die in vielen Variationen wechselnde Hauptrolle spielten. Romanik stand zwanglos neben Gotik, an demselben Bau lassen sich die wechselnden Stilepochen von der karolingischen Renaissance über Romanik und Gotik bis zum Barock hin gar nicht so selten verfolgen. Noch in der Erweiterung des Alten Rathauses in Bremen durch Gabriel von Seidel gab eine hervorragend organisierte Mischung renaissancehafter und barocker Elemente im Aufbau mit gemäßigten Jugendstilelementen einem fast genial zu nennenden Eklektizismus Raum, der die Einheit der europäischen Architekturentwicklung bekundete.

Ein fast genialer Eklektizismus

Der Bruch, den wir bis heute beklagen, setzte ein, als mit Stahl, Stahlbeton und der möglichen Herstellung großer Glastafeln ein ganz neuer Maßstab in die Architektur einbrach, dem natürlich auch neue Bauaufgaben entsprachen, die bisher noch nie dagewesene Großformen schufen. Sie übertrafen – von einigen riesenhaften Kathedralen abgesehen – an Umfang (nicht an Bedeutung) alles, was bis dahin an der Tagesordnung gewesen war.

Wir wissen es alle: Die infolge weltweiter Industrialisierung notwendig gewordene universale Administration schuf sich ihre immer wachsenden Verwaltungspaläste, der die Administration der Banken ihre eigenen Symbole an Gigantomanie erfolgreich an die Seite stellte. So taten's die Warenhauskonzerne, so wuchsen in der jüngsten Gegenwart die Riesenkomplexe der Gesamtschulen heran, so wurde dem Maßstab der alten Stadt ein neuer entgegengestellt, der sich mit ihm aber nicht unmittelbar verbinden konnte. Das Problem des Übergangs – von Stadtviertel zu Stadtviertel – taucht auf und ebenso das Problem der funktionellen Selbstdarstellung eines modernen Baus in der Nachbarschaft und in Verknüpfung mit einem historischen Komplex.

Ein barockes Rathaus
und seine moderne Erweiterung

Ein international bekanntes Beispiel ist die Erweiterung des barokken Rathauses von Göteborg durch Gunnar Asplund in den zwanziger Jahren unseres Jahrhunderts. Asplund, selber aus klassizistischen Anschauungen sich entwickelnd, griff entschlossen zum Stahlbeton, stellte neben den alten Bau einen ganz neuen, der sich ihm nicht anglich – aber in einem entscheidenden Punkt doch das hier notwendige Zugeständnis machte: er entschloß sich – richtig – zu kleinen Öffnungen, verzichtete auf großräumige Öffnungen nach außen – behielt diese moderne Tendenz dem Treppenhaus vor, das sich nach innen zu einem einfachen klassisch schönen Hof öffnete, in dem das Moderne mit dem Alten einen überzeugenden Einklang ergab. Das war gewiß eine zurückhaltende und das Alte in seinem Charakter achtende und herausarbeitende Lösung. Dennoch kann die sich still daneben stellende Betonfassade kaum ganz überzeugen. Aber es war immerhin ein Anfang, die Bewußtwerdung eines Problems.

Vor demselben Problem wie Asplund standen in Bremen die Architekten der Erweiterung des Postbaues an der Domsheide, der sich dem-

Das alte Postgebäude mit dem Erweiterungsbau

nächst der Öffentlichkeit präsentieren wird. Die Aufgabe: Neben der großen unteren Halle in zwei Obergeschossen Großraumbüros zu schaffen, denen sich im letzten Geschoß noch Einzelbüros anschließen. Ein simples Programm, das sich konstruktiv durch vier innere Riesenpfeiler mit den umlaufenden Betonstützen zu einem klar übersehbaren System gliedert. Die Folge der horizontalen durchlaufenden Fensterbänke ergibt sich logisch aus dieser Anlage.

Das Treppenhaus als Gelenk

Daß sich das Treppenhaus – die quadratisch gerasterte Fensterfläche nimmt als Zäsur und Gelenk im Übergang zum Altbau dessen kleinteiligen Maßstab auf – als Verbindungsglied anbietet, ist eine in solchen Fällen auf der Hand liegende Lösung. Was aber mit den großen horizontalen Bändern tun? Daß sie funktionell der Grundrißstruktur entsprechen, daran ist kein Zweifel. Daß die langen Bänder trotz relativer Kleinteiligkeit der Fensterfolge den Anschluß an den Altbau verfehlen mußten, war den Entwerfern offenbar ebenso klar.

In dieser Lage kamen sie auf die Idee, den sandsteinverkleideten Baukörper – der mit diesem Naturton sich an den alten Bau durchaus angemessen anschloß – dadurch aufzulösen, daß man vor die Fassade ein grafisches Gerüst stellte, das in den vertikalen Teilen die Vertikaltendenz der Pilaster des alten Baus aufnahm und gleichzeitig durch die damit erreichte Gesamtvergitterung eine Kleinteiligkeit schuf, die dem Maßstab des Alten entsprach, ohne das Funktionsprogramm des Neubaus aufzuheben. Daß dieses Gerüst auch einen Zweck hat – der äußeren Reinigung der Fenster die notwendigen geschützten Wege zu liefern –, mag Nutzenfanatiker besonders befriedigen.

Der Neubau stellt sich mit dieser Problemlösung nun der Fachwelt. Unsere Meinung: Die Einführung grafischer Elemente zur Herstellung eines kleinteiligen Maßstabs, der in den Funktionen des Baus nicht angelegt ist, wird durch das Ergebnis gerechtfertigt. Der sehr zurückhaltenden Fassade des Neubaus, die sich ganz auf die flächenhafte Darstellung der Funktionen beschränkt, wird durch das grafische Geländer eine gewisse Eleganz verliehen. Dennoch wird man heute, zwei Jahre später, nachdem sich der Bau nun hüllenlos den Blicken bietet, fragen dürfen, ob sich in der Gestaltung der Außenflächen des Postneubaus eine plastische Gliederung gegenüber dem Metallgerüst nicht besser hätte durchsetzen können. Auf diese Fragen ist im Zusammenhang einer Erörterung über »Die Zerstörung der Straßen und Plätze in Bremen« noch einmal näher eingegangen worden. Auch die dort geübte Kritik an der (Ende 1975 noch nicht erkennbaren) Eingangsgestaltung, die einer Zerstörung des zentralen Bogenmassivs gleichkommt, ist in diesem Zusammenhang wichtig.

Die lebendige Anschauung von Geschichte im Schnoor

Nicht nur einmal haben die Juroren des Bundes Deutscher Architekten ganze städtebauliche Komplexe in ihre Preiszuteilungen oder Belobigungen für gelungene Nachkriegsarchitektur in Bremen miteinbezogen: Das Ensemble ist oft wesentlicher als das einzelne und zählt oft dann noch, wenn die individuellen Bauqualitäten vielleicht nur selten den Durchschnitt übertragen. So hat die Jury mit vollem Recht das Ensemble der Landschaftsgestaltung im Erholungsgebiet am Werdersee in die Preisgruppe aufgenommen, der Gartenstadt Vahr und der schönen, intimen Wohnsiedlung in der Kohlmannstraße Belobigungen erteilt. Das alles sind Neuschöpfungen, die nach dem Kriege entstanden sind.

Aber in die Preisgruppe ist noch ein anderes, inzwischen weit über die Grenzen Bremens hinaus bekanntgewordenes Ensemble aufgenommen worden, das, historischen Ursprungs, erst einer enthusiasmierten denkmalpflegerischen Leistung seine endgültige Wiederbelebung verdankt: das Schnoorviertel. Es ist in den Jahren von 1959 bis 1972 im wesentlichen wieder ins Leben zurückgerufen worden und wird heute noch weiter um- und neugestaltet.

Durch denkmalspflegerische Initiative entstanden

Das heutige Schnoorviertel verdankt sein Entstehen einer kommunalen, denkmalpflegerisch orientierten Initiative, die indessen von vornherein darauf angelegt war, nicht ein romantisierendes Bedürfnis allein zu befriedigen, sondern das neu erweckte Viertel mit möglichst viel Leben zu erfüllen und die Eigenaktivität der Interessierten aufzurufen. Wer heute durch die schmalen Gassen geht, muß sich meist langsam durch die Besucher seinen Weg bahnen: Wer, wie der Rezensent, dort täglich arbeitet, weiß, wie lebendig das Viertel mit seinen Künstlerateliers, seinen kunsthandwerklichen Läden, seinen vielerlei Gaststätten und Galerien inzwischen geworden ist.

Was den eigentümlichen Reiz dieses Ensembles ausmacht, sind seine Ruhe, seine Intimität und die Fülle der optischen Reize, die allenthalben angeboten werden. Das verbindet Menschen miteinander, das schafft Urbanität. Jedoch, wäre sie nicht ebenso in einem gut proportionierten modernen Viertel möglich? Ist das einfache historische Kostüm unerläßlich? Wenn auch zweifellos ein modernes Viertel ein nicht weniger attraktives Angebot machen könnte, es fehlte ihm eins: die menschliche Geschichte, die im Schnoor Gegenwärtiges und Vergangenes verbindet und als solche geschichtliche Qualität der inneren »Geschichtlichkeit« des Menschen korrespondiert.

Das hat mit der vielzitierten und durchaus kritisch zu betrachtenden Nostalgiewelle wenig zu tun, wenngleich Heimweh bei romanti-

Blick in den Schnoor

schen Gemütern immer mitspielen mag und ein durchaus liebenswürdiger menschlicher Zug ist. Aber Geschichte zu erzählen bedeutet doch mehr: in der Realität, in den stummen Sprachen einfacher Architektur menschliche Vergangenheit zu entdecken und in ihrem bewußten Erfahren die Kontinuität des menschlichen Wesens selbst zu entdekken. Das allerdings sollte nicht nur stimmungshaft geschehen, sondern in bewußtem Verstehen des Vergangenen, in dem Versuch, im Buch der Stadt zu lesen und die einzelnen Kapitel mit ihren besonderen Inhalten voneinander zu unterscheiden.

Baugeschichte nicht nur als Kunstgeschichte, sondern als Geschichte menschlichen Zusammenlebens, als Sozialgeschichte also, zu erfahren, bereitet nicht nur vielen Erkenntnissen den Weg, die den Spaziergang durch eine Stadt reicher und vergnüglicher machen, sondern vermittelt Einblicke in die Wirklichkeit des Menschen, die nicht nur die Fühlfähigkeit, sondern die Urteilsfähigkeit der Subjekte steigert. Je größer der Radius meiner Erfahrens- und Empfindungsmöglichkeiten, um so reicher das Leben, um so weniger kann in seine im Alter stiller werdenden Räume die Langeweile einziehen: Geistige Erfahrungen sind der erste Quell einer sich über lange Lebensjahre erhaltenden Vitalität. Daran erinnern uns alte Viertel wie der Schnoor, darin beruht ihre dauernde »Bedeutung«: uns unsere eigene, oft vergessene und übersehene Geschichte zu erzählen, die zu verstehen eine der Bedingungen für das Überleben des menschlichen Geschlechts ist.

Ein Neubau zeigt die Möglichkeiten des Stahlbetons

Überlegungen zu einem Geschäftshaus an der Bischofsnadel

Im Rahmen der Betrachtungen zur Architektur der Gegenwart hatten wir uns an den BDA-Preis 1974 angeschlossen und bei der Gelegenheit auch einen reinen Stahlbetongerippebau einer Analyse unterzogen, dem eine Belobigung durch die Juroren zuerteilt worden war: die Deutsche Apotheker- und Ärztebank an der Schwachhauser Heerstraße 41. Sie hat diese Auszeichnung zu Recht erhalten, obwohl sie gewiß nur eine Etappe auf dem Wege der Entdeckung der Gestaltungsmöglichkeiten des Stahlbetons ist.

Gehen wir kurz zurück in die Geschichte. Schon früh werden die tektonischen Möglichkeiten des Stahlbetons erkannt: Bereits Auguste Perret, der Rekonstrukteur des im Kriege zerstörten Le Havre, hatte 1903 mit dem Wohnhaus in der Rue Franklin in Paris und 1922/23 mit der Kirche Notre-Dame in Raincy die strukturellen

Geschäftshaus Dr. Hübotter, Bischofsnadel

Möglichkeiten, insbesondere die tektonischen, genutzt und logisch in Formen umgesetzt. Ihm folgten die großen Konstrukteure Maillart, Nervi und Freyssinet. Seitdem hat der Stahlbeton durch bedeutende Bauten von Le Corbusier, Kanzo Tenge und Paul Rudolph neben anderen Ruhm, aber auch Kritik gefunden. Der nicht glücklich gewählte Name »Brutalismus« für eine bestimmte Tendenz (die trotzdem hervorragende Leistungen erbrachte!) hat wohl zu dem immer noch weit verbreteten Mißverständnis in der Öffentlichkeit beigetragen.

Um dem entgegenzutreten und dabei gleichzeitig nachzuweisen, daß dieses Material konstruktive Möglichkeiten bietet, die der Grazie wieder Einlaß in die Gestaltungsmöglichkeiten des Architekten eröffnet, stellen wir heute einen nur kleinen, dem äußeren Umfang nach bescheidenen Geschäftsbau vor, der schon manchem aufmerksamen Beobachter aufgefallen sein mag, der den Weg vom Wall über Bischofsnadel zum Markt nahm. Es ist der fünfgeschossige – wobei das über zwei Etagen gehende Erdgeschoß als eines gezählt wird – Bau von Hübotter & Co., in dem eine untere glasverkleidete Ausstellungsetage von drei Büroetagen, einem abschließenden Geschoß und einem Dachgeschoß ergänzt wird, in dem neben Wirtschaftsräumen noch eine Sauna und ein kleines Tauchbad unter Glasdächern untergebracht sind.

Architektur als Erzählung des Bauvorganges

In diesem Bau vereinigen sich die beiden Möglichkeiten des Stahlbetons: die tektonische und die plastische, zu einem in seiner Logik fast selbstverständlich wirkenden Ganzen von hoher Grazie. Das tragende Gerüst bilden neben einem an die Nachbarfront anschließenden Kern mit Treppenhaus, Aufzug und sanitären Räumen acht runde Stahlbetonsäulen, die wie Maste durch alle Geschosse hindurchgehen und ihre Enden noch über Dach zeigen, derart den konstruktiven Aufbau des Ganzen jedem Laien deutlich »erzählend«. Die notwendige Aussteifung erhält diese Struktur durch die Stahlbetondecken. Dies alles betrifft den tektonischen Teil der Gesamtgestaltung.

Das Ganze aber wird entscheidend bestimmt durch das plastische Vor- und Rückspringen der Fassade, ihre Ausbauchungen zwischen den und um die Säulen und durch das über dem Erdgeschoß besonders sinnfällige Ansteigen der Betonbrüstungen in der Schräge – einer konstruktiven Möglichkeit, wie sie dem Beton allein eigen ist, und eine bisher in solcher Konsequenz noch selten geübte Methode, um seine plastischen Möglichkeiten zu nutzen. Die drei Bürogeschosse stellen sich durch ihre eigene Architektursprache – im Wechsel von vorn liegenden Glausbausteinfeldern mit zurückspringenden Sichtfenstern – klar ablesbar vor: Der Bau erzählt seinen Inhalt. Das fünfte Geschoß enthält größere geschlossene Räume für Sitzungen und Erholung – etwa Tischtennisplätze. Seine schräg liegenden Fensterflächen staffeln den Bau glücklich nach oben, geben ihm einen deutlichen Abschluß, der über dem Dach durch die silbrig schimmernden, feuerverzinkten Stahlrahmen der Drahtglashüllen über dem Tauchbad seinen eleganten grafischen Abschluß findet.

An diesem Bau ist alles klar ablesbar, er stellt »Inhalte« dar, in ihm wird deutlich, was die Redeweise von der Architektur als Sprache meint. Aber darüber hinaus beweist er auch noch, daß moderne Mittel die alte Stadt nicht zerstören müssen, wenn sie nur den Maßstab einhalten, der in ihr gesetzt ist. Der Bau an der Bischofsnadel ist in sich eine funktional und ästhetisch überzeugende Lösung, die sich neben den alten Lösungen durchaus sehen lassen kann. Ein Bauwerk muß nicht immer groß sein, um bedeutend sein zu können. Borromini bewies es an seiner kleinen Kirche »San Carlo alle quattre fontane« in Rom, der Architekt dieses Baues, Volker Meyer-Burg (Planungskooperative), bewies es ebenfalls an einem Eckhaus in der Bischofsnadel.

Kunst im Bau des Hygiene-Instituts

K. Nicolai und K. D. Boehm schufen eine Spiegelreliefwand

Man fragt den Pförtner und nähert sich dann schnell dem Hochhaus aus schwarzen Fensterreihen zwischen Waschbetonplatten mit einem in den Ausmaßen richtigen, in der Detailausbildung plumpen Betonvorbau als Überdeckung der Eingangsstufen: man betritt das Staatliche Hygieneinstitut in Bremen und bemerkt schon durch die Glasscheiben hindurch das orange und blau schimmernde Objekt, dem unser Besuch gilt. Man betritt verblüfft – nach dem gewaltigen Auftakt der Stufen und des Vorbaus – einen verhältnismäßig viel zu kleinen und beengten Raum, der durch keinen Blick einen breiten Flur entlang oder durch ein größeres Treppenhaus die erforderliche optische Erweiterung erfährt, um dem hier aufgestellten Objekt – einer Spiegelreliefwand der Kooperative der Bildhauer K. Nicolai und K. D. Boehm – die notwendige Luft zu verschaffen.

Das Objekt beherrscht den Raum so intensiv, daß man glauben könnte, es sei hier nur vorübergehend aufgestellt, um später an den ihm gebührenden Platz zu kommen, mit größeren Abstandsmöglichkeiten, mit Sitzmöglichkeiten zum Betrachten und genügend Raum um das Objekt herum, um es von allen Seiten sehen und dabei zugleich das sich fortlaufend verändernde Bildgeschehen beim Vorbeigehen erleben zu können. Das Relief selbst setzt sich zusammen aus vier doppelseitig mit geometrischen Formen – Kreisen und Bändern in den Farben Orange und Blau – bedeckten Flächen, an die sich nach beiden Seiten Hohlspiegel anschließen, so daß sich beim Vorbeigehen die gespiegelten Formen verzerren und den Betrachter in einer beabsichtigten Weise »irritieren«, wie das mit anderen Mitteln die englische Malerin Bridget Riley mit ihren großen Bildern zu erreichen versuchte.

Eine gelungene und schöne Lösung, der man ruhig eine Erläuterung für etwaige Besucher beigeben sollte!

Die Forderung bleibt: Kunst muß integraler Bestandteil der Architektur sein

Eine hier aber unbedingt erforderliche Anmerkung: sieht man sich das Objekt und seine räumliche Umgebung näher an, so bemerkt man, daß zwar die Stahlflächen der Türen und Raumabschlüsse in einem etwa passenden Blau gestrichen sind, daß auch die Decke richtig in Weiß gehalten ist, daß aber die keramischen Wandflächen und die Fußböden in fleckigen und unbestimmten Tönen (teils sandfarbig-gelblich, oder grau-schwarz gefleckt, wie der Fußboden) gehalten sind. Hier wird ein alter, schon allzu oft gerügter Fehler (zum wievielten Male?) wiederholt: die Planer oder der auftragerteilende Bauherr haben sich in keiner Weise um die notwendige Zusammenarbeit zwischen Architekt und Künstler bemüht. Um es kurz zu sagen: die keramische Wandbekleidung hätte weiß sein müssen, der Fußboden aber blau, möglicherweise hätte man auch ein geeignetes Orange für die Wand finden können.

Sieht man sich dann das Ganze nochmals näher an, so entdeckt man, daß bei dem Objekt hinten »nichts los ist«. Aber man entdeckt in den abschließenden Metallflächen eine kleine Tür, die den Zugang zu »etwas« offenbar möglich machen soll. Die Vermutung des Rezensenten bestätigt sich schnell durch eine kurze Rückfrage: an dieser Stelle treten aus der Decke Rohre aus, die durch eine entsprechende Verkleidung zu kaschieren waren. Das Kunstwerk als Verschleierung »unangenehmer« Tatbestände? Schön, daß der mißliche Umstand wenigstens wirklichen Künstlern zugute kam! Aber war das die richtige Lösung?

Hätte man an dieser Stelle nicht eine wesentlich kleinere Arbeit wählen – vielleicht ein wirkliches kinetisches Objekt – und dazu den beiden Bildhauern den Auftrag erteilen sollen, die Eingangskonstruktion durch eine hier mögliche, aber angesichts der ausdruckslosen Gesamtgestaltung des Hochhauses auch absolut erforderliche plastisch phantasievolle Form zu ersetzen? Daß die Erwartung, die diese Eingangsgestaltung durch Treppenanlage und Treppenüberdeckung erweckt, dann beim Betreten des Inneren nicht eingelöst wird, ist eine Sache der Planer und Architekten, die eine eigene kritische Beleuchtung verdiente.

Max Beckmann
Selbstbildnis
mit Saxophon

Bilder: Beispiele für die Geschichte des Kunstvereins Bremen

Daß Bücher ihre Schicksale haben, wissen wir aus altrömischer Spruchweisheit – habent sua fata libelli –, daß aber auch Bilder oder sonstige Kunstgegenstände sie haben, wissen wir aus mancherlei geschichtlicher Erfahrung: Wie viele Bauwerke wurden im Laufe der Jahrhunderte durch Kriege zerstört, durch Raub vernichtet, ihre Elemente in anderem Zusammenhang wieder zu neuem Leben erweckt! Wie viele Bilder wurden als Kriegstrophäe von ihrem ursprünglichen Standort entfernt! So gesehen enthielte der Spruch – überliefert durch den römischen Grammatiker Terentianus Maurus im zweiten nachchristlichen Jahrhundert – nichts als eine Trivialität, würde er nicht anders verstanden: daß nämlich Bücher und Kunstwerke ihre Schicksale haben, je nachdem, wie sie der Leser oder der Betrachtende versteht, je nachdem, was er aus ihnen in der Anstrengung der persönlichen Inbesitznahme zu machen vermag.

Das ist offenbar der Kern der Sache, wenn man versucht, anläßlich des 150jährigen Bestehens des Kunstvereins in Bremen im Gang durch die Kunsthalle an einigen Beispielen Geschichte des Instituts an der Geschichte einiger Bilder lebendig werden zu lassen. Dabei deckt sich die Geschichte der Sammlungen nicht mit der Geschichte der Kunsthalle: schon vor ihrer Errichtung (1849) waren wertvolle Werke Bestandteil der Sammlung.

Am Anfang steht die 1625 gemalte, schon 1827 erworbene »Dorflandschaft«, eines der berühmtesten Landschaftsmaler der niederländischen Malerei des Jan van Goyen (1596–1656). Es handelt sich bei der »Dorflandschaft« um eines der frühen, figuren- und ereignisreichen Bilder des Meisters, dessen Schaffensbeginn man um 1620 herum ansetzen kann. So sehr dies frühe Bild noch in der älteren flämischen Tradition der Malerei steht, beginnt doch schon etwas, was ihm später Unverständnis bei den Zeitgenossen, aber Nachruhm bei den Impressionisten eintragen sollte: deutlicher Verzicht auf die Kontur in der Figurendarstellung, dafür ein strichelnd aufgelockertes Linienspiel. Vor allem aber – das erkennt man deutlich auch schon in diesem frühen Bild – fesselte ihn die Atmosphäre, der hohe Himmel und die dramatische Konfiguration der Wolken.

Wachsende Macht des Raumes

Als dann im selben Jahre 1625 der Seemaler Jan Porcellis zugunsten solcher atmosphärischer Wirkungen seinen Seestücken einen einheitlichen Ton, meist ein vielfach variiertes Grau (man sprach später von »Grisailles«) zugrundelegte, entfesselte er damit eine Revolution bei den Zeitgenossen, vor allem bei van Goyen und Salomon van Ruysdael. Die Landschaft mit ihrer Atmosphäre wurde zentrales Thema, die figurenreiche Staffage entfiel, das Genre war tot: Raum, Licht, Atmosphäre waren das Problem!

Jan van Goyen Dorflandschaft

Masolino
Madonna mit dem Kind

Nur Raum, Licht, Atmosphäre? In dem zweiten, bedeutenden Spätwerk des Jan van Goyen, das die Kunsthalle besitzt, in dem 1918 erworbenen, im Jahre 1655 gemalten Seestück des Meisters wird mehr einsichtig: das Zurückweichen der Figur, das Zurücktreten des Menschen vor der Macht des Raumes, der Dramatik des Geschehens am Himmel ist Symbol für die condition humaine, für die begrenzte, endliche Kraft des Menschen.

Welch andere Welt aber offenbart sich in der »Madonna mit dem Kind« des spätgotischen Meisters Masolino (1383 bis etwa 1440)! In den Besitz des Kunstvereins kam es schon 1832 durch eine Schenkung des damals in Bremen arbeitenden Raffael-Kopisten Bäse Schenker. Dies ist eines der Bilder, die während der Auslagerung wichtiger Bestände infolge des Zweiten Weltkrieges gestohlen wurde und erst nach vielen Recherchen auf abenteuerliche Weise in den Bestand der Sammlungen der Kunsthalle zurückkehrten.

Aber wichtiger als seine Geschichte ist die hervorragende kunstgeschichtliche Stellung des Werkes: Das von vornehmer Morbidität bestimmte, durch die elegante Linienführung bestechende Bild ist die erste bekannte Arbeit des Meisters, der durch seine Zusammenarbeit mit dem überragenden Genie eines Masaccio an den Fresken der Brancacci-Kapelle der Kirche S. Maria del Carmine in Florenz wesentliche neue Anstöße erhielt. Anstöße, die ihn später weit über seine Anfänge hinaustrugen. Durch Masaccio, den überragenden Geist, gelangen auch ihm die ersten Schritte in das von den Denkern der Renaissance eröffnete Neuland.

Das nächste wichtige Bild in der Reihenfolge der Erwerbungen, dem wir begegnen, ist ein Bild eines der gewaltigsten deutschen Maler, dessen Genie auch bis heute noch kaum in seinem ganzen Umfang gewürdigt wurde. Albrecht Altdorfer (1480–1538 in Regensburg), der führende Kopf der Donauschule, ist hier seit 1851 – also kurz nach Errichtung der Kunsthalle – mit einem kleinen Meisterwerk vertreten, das allerdings nur dem Kenner und liebevollen Betrachter eine Ahnung von der Bedeutung dieses Malers geben kann: die »Geburt Christi« aus dem Jahre 1507, das ebenso wie der Masolino das frühest datierte Werk des Meisters ist.

Landschaft ganz ohne Figuren

Die obere linke Bildfläche ist durch Talglichteinwirkung teilweise zerstört und restauriert, ohne daß bei der Helldunkelkomposition des Ganzen dieser Schaden allzu stark ins Gewicht fiele. So wenig man aus dieser Arbeit schon auf das spätere Genie schließen kann, eines vermittelt sie schon deutlich: das Zurücktreten der Figur vor der Landschaft. Altdorfer wird der erste Meister sein, der eine Landschaft ganz ohne Figuren malt. Mit den bei ihm zuerst virulent werdenden Themen Nacht, Ruinen, Wald wird er der Vorläufer der Romantik, einer, wie Wilhelm Pinder vermerkte, »bildnerischen Romantik um 1500«. Aber er ist nicht nur wegen dieser romantischen Haltung sehr deutsch, er ist es auch aus einem anderen Grunde, der ihn, wie Grünewald, zu den Außenseitern in der deutschen Kunst stellt. Er ist ein Maler schlechthin, den die Farbe, das Spielen des Lichts, das Helldunkel in ihrer Dramatik bis zur Expression hin interessieren und zu so gewaltigen Bildkompositionen wie der »Alexanderschlacht« trieben.

Der Kunstverein und sein handfester Skandal

Charakterisierten Jan van Goyen und Masolino den Geschmack und die Erwartungen der Bürger des 19. Jahrhunderts in einer aufgeklärten, wenngleich nur mäßig demokratischen Hansestadt, so führt das 1911 erworbene Bild »Das Mohnfeld« von Vincent van Gogh in eine ganz andere, von Spannungen und Auffassungsgegensätzen gekennzeichnete Lage. Als Gustav Pauli (1866–1938), der damalige Direktor der Kunsthalle, dieses Bild, aus dem Todesjahr des genialen Holländers (1890), erwarb, entfesselte er den ersten – allerdings bis heute auch letzten – handfesten Skandal in der Geschichte des Instituts.

Der Ankauf provozierte damals den »Protest deutscher Künstler« (Karl Vinnen), der sich im Namen der Deutschen Kunst (!) gegen eine solche Erwerbung wehrte. Dieser Protest bekam seine verdiente Antwort in einer im Pieper Verlag erschienenen, vom Heymel mit einem Vor- und Nachwort versehenen Replik, die von so bedeutenden Namen wie Harry Graf Kessler, Hofmannsthal, Gerhart Hauptmann, Max Liebermann und August Macke unterzeichnet wurde. Pauli hielt damals öffentliche Vorträge, in denen er den Ankauf des van-Gogh-Gemäldes verteidigte, und hatte schließlich den verdienten triumphalen Erfolg.

Heute würde niemand mehr die Aufregung verstehen, obwohl – das muß gesagt werden – in diesem Bilde schon sehr weit vorausgreifende Methoden der Malerei erprobt wurden. Sieht man sich die Sache einmal genau an, so wird man von der trivialen Feststellung, daß es sich eigentlich um eine Symphonie in Grün, kaum um ein »Mohn-feld« handle, zu der wichtigeren geführt, daß die einzelnen »Buchstaben« der Handschrift van Goghs, die in jedem Zentimeter klar wahrnehmbaren Pinselzüge, überhaupt keinen gegenstandsbezeichnenden Charakter mehr haben.

Wo ist da eine Mohnblüte auch nur angedeutet, wo irgendein natürliches Objekt überhaupt erkennbar gezeichnet? An keiner Stelle auch nur die geringste Andeutung irgendeiner Pflanze! Das ein Mohnfeld? Vielleicht kann man die Aufregung verstehen: wohnten doch die Zeitgenossen damit einer ersten, sehr frühen Demonstration des späteren Expressionismus bei, der nicht das Objekt, sondern seine Wirkungen im Subjekt, dessen Erregung und Reaktionen zum Inhalt der künstlerischen Manifestationen machte.

Epochale Wendungen

Aber mit den nun folgenden Erwerbungen bzw. Schenkungen wird die mit dem »Mohnfeld« eingeschlagene Linie konsequent fortgesetzt. Schon 1913 wird ein Bild der Paula Modersohn-Becker, das »Bauernkind« (1905 gemalt), angekauft, das ebenso wie das 1923 erworbene

Lovis Corinth

c Tobey

ent van Gogh

Max Beckmann

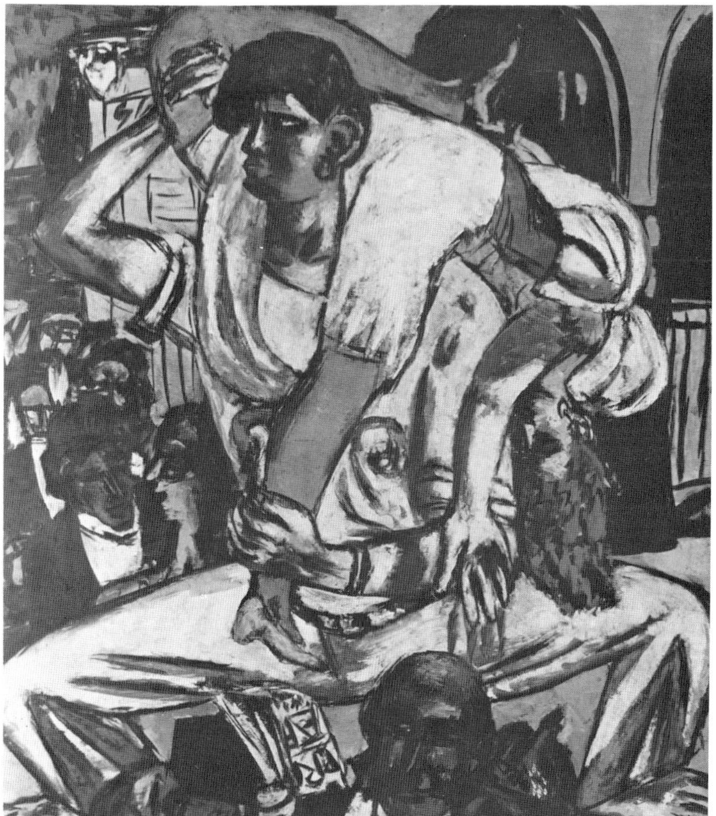

Edvard Munch

»Bildnis des Malers Bernt Grönvold« von Lovis Corinth im Jahre 1937 dem Bildersturm der Nationalsozialisten als »entartet« zum Opfer fallen wird. Dazwischen war schon 1918 jenes für die tragische Seite der Malerei des Norwegers Edvard Munch stehende Bild »Die tote Mutter« der Kunsthalle vom Galerie-Verein geschenkt worden. Drei Bilder, die exemplarisch jeweilige epochale Wendungen der Kunst Europas stellvertretend bezeichnen.

Paula Modersohn (1876—1907) steht zwar als einzelne für sich selbst ein, doch steht sie innerhalb jener großen Tendenz, die im deutschen bildnerischen und literarischen Expressionismus sich formieren sollte: der Kritik an den negativen Konsequenzen der zivilisatorischen Entwicklung und deren Konzentration in den Großstädten. Das schloß die Rückkehr zur Natur (die wievielte nach Rousseau?) ein, zum natürlichen Leben, und zum Symbol dieses Lebens, wie man es damals verstand: zum Bauerntum, zum Ursprung, zur romantischen Daseinshaltung. Das »Bauernkind« der Paula Modersohn-Becker gehört in die Reihe dieser Manifestationen. Sie selbst sagte von sich: »Menschen machen geht über die Landschaft«, womit sie sich von den anderen Worpswedern distanzierte. Mit dem »Bauernkind« schwenkte eine deutsche Malerin in die europäische Tradition ein. Beim Bildersturm 1937 aber wird auch dieses Bild mit 70 anderen und vielen Zeichnungen von seinem Platz entfernt, verschleudert, aber Gott sei Dank nicht wie manche anderen vernichtet.

Ebenso exemplarisch die Stellung des Munch-Bildes. Es repräsentiert eine ganz andere, van Gogh nähere, wenngleich mit seinen Absichten keineswegs identische moderne Tendenz, die Munch in bezug auf seine Arbeiten selbst unübertrefflich kennzeichnete: »Ich mache nicht, was ich sehe, sondern was ich sah!« Er war ein Maler der »Erinnerung«, wie Proust, immer auf der Suche nach »der verlorenen Zeit«.

Der Verzicht auf Accessoires

Das war das Ziel der »malerischen Handlung« Munchs: wegzulassen, was an Accessoires nur ablenkt, das Kind zu zeigen, das mit den weitaufgerissenen »schreienden« Augen und zugehaltenen Ohren (als wollte es seinem eigenen Schrei entrinnen) das Bett der Mutter verläßt. Diese selbst nur ein Schema — nur der Ausgangspunkt eines Dramas, zu dem hin das Kind »aus dem Bild heraus« läuft. Diese Arbeit steht kongenial neben dem berühmten Bild »Das kranke Kind« im Osloer Nationalmuseum — es gehört in die Geschichte der Aufdeckung der Tiefenschichten im Menschen, wie sie Sigmund Freud beginnen sollte.

Bildergeschichte ist Geistesgeschichte, Weltgeschichte. Das wird auch deutlich daran, daß der »Bernt Grönvold«, ein höchst erregendes und bezeichnendes Alterswerk des in expressive Bahnen einlenkenden Lovis Corinth sozusagen selbstverständlich als »entartet« eingereiht wurde, später glücklicherweise wieder in die Sammlung zurückkehren konnte. Das Bild, 1923 gemalt und im selben Jahre erworben, ist eines der Schlüsselwerke des späten, seine wahre Höhe erreichenden Corinth. Trotz seiner dramatischen und erregten Pinselschrift (darin van Gogh

Toulouse-Lautrec

Peter Behrens

Oben links: Claude Monet
Oben rechts: Edgar Degas
Unten links: Lovis Corinth
Unten rechts: Juan Gris

folgend) ist es ein höchst sachliches Porträt, ohne Schielen nach Effekten, ein Schlußbekenntnis des kraftstrotzenden Malers Corinth, eine letzte Einsicht in die condition humaine ...

Mit den Bildern von Daubigny »Landschaft bei Pontoise«, von Nicolas de Largillière »Familienbildnis des Malers« (1947 erworben) und dem bedeutenden Beispiel des Spätbarock, der »Madonna in der Glorie mit den Heiligen« des Francesco Solimena (1657–1747) befinden wir uns in ruhigeren Gewässern.

Kein neuer Van Gogh-Skandal

Aber noch einmal gibt es Höhepunkte, die Ereignisse unserer Epoche symbolisch in Bildern festhalten: 1938 wird der »Apachentanz« von Max Beckmann angekauft, eines der exemplarischen Werke des Meisters (1938 gemalt), der als einer der größten deutschen Maler seit Grünewald, Dürer, Baldung Grien und Altdorfer einen repräsentativen Platz in den Sammlungen der Kunsthallen einnimmt. Anläßlich der Erwerbung bemerkte einer der im Kunstverein vertretenen Senatoren der Stadt zu Dr. Busch: »... da haben Sie Ihren van-Ggoh-Skandal ...« Er blieb, darin zeigte sich eine von Grund aus geänderte Situation, dann aber aus. Es ist jedoch durchaus charakteristisch für den denkenden Maler Beckmann, in dem Wille, Intellekt und umfassende Bildung zu einem großen Ausgleich kamen, daß auch seine von einem realistischen Konzept bestimmten Bilder, wie der »Apachentanz«, einen fast mythologischen Bezug erhielten.

Eine ganz neue Geschichte beginnt mit jener Stiftung, die die Brinkmann AG dem Institut mit dem Ankauf (1973) eines großen Bildes des amerikanischen Malers Mark Tobey machte, der erst sehr spät in den Kreis der Gründer der modernen amerikanischen Malerei einbezogen wurde. Das Bild (1939) war eine Wettbewerbsarbeit innerhalb eines Kunstförderungsprogramms der Regierung Roosevelt und ging später verloren, wie Tobey glaubte. Doch wurde es ihm nach drei Jahren zum Kauf angeboten. Er kaufte es für die Hälfte des geforderten Preises zurück und transportierte es, wegen seiner Größe, in zerschnittenem Zustand durch die Welt. In Basel, dem heutigen Domizil des Meisters, fand es dann der jetzige Direktor: es wurde ausgerollt und mit Hilfe der Martin-Brinkmann-Stiftung erworben.

Ein persönlicher Kontakt zum Meister und eine verständnisvolle Hilfe der bremischen Industrie wurden Basis einer Rettungstat, die einen bemerkenswerten Hinweis auf das Werden eines der wichtigsten modernen Meisters des Action Painting erlaubt ... wenn man denn Tobey mit solchen Vokabeln überhaupt einordnen und erfassen kann. Man kann es nicht.

Aber das hier zu erörtern, würde den Versuch bedeuten, auf neuer Ebene den eingangs zitierten Satz zu interpretieren »haben sua fata libelli« und ihn auf Bilder zu übertragen ...

Erich Heckel

Die Stadt– Wirklichkeit und Vision

Mit den drei aus Anlaß der Hundertfünfzig-Jahr-Feier des Kunstvereins von der Kunsthalle veranstalteten Ausstellungen wird sich der kritische Betrachter in verschiedener Weise auseinandersetzen können: Mit der Jubiläumsausstellung der Stiftungen am direktesten angesichts des einzelnen Werks und seines Zusammenhangs mit den Sammlungen, mit der Ausstellung im Umkreis des Delacroix-Werks »Tod des Valentin« in Form einer kritischen, essayistisch und historisch orientierten Studie, mit der Ausstellung »Die Stadt: Bild — Gestalt — Vision«, jedoch in einer Überprüfung der Tragweite der Konzeption, wie auch mit einzelnen hervorragenden Werken selbst.

Wenn wir den Absichten der Initiatoren dieser Ausstellung gerecht werden wollen, kommen wir an einer Überprüfung der Konzeption nicht vorbei, da in zwei sehr polemisch gehaltenen Aufsätzen »Zur Ausstellung und ihrer Methode« und »Zum Thema und seiner Herleitung« dazu unüberhörbare Beiträge geleistet wurden.

Wäre die Ausstellung nur einfach »Europäische Stadtbilder im 19. und 20. Jahrhundert« genannt worden, wie es im Untertitel des Katalgos heißt, so entstünde die Frage nach der Konzeption nicht. Man hat jedoch den leicht unverdaulich werdenden Riesenkuchen klugerweise in 15 Gruppen unterteilt, die mit den Themen »Vedute«, »Die Stadt in der Landschaft«, »Die Stadt als Landschaft«, »Dachlandschaft«, »Wände«, »Vorstadt«, »Industrie-Technik-Verkehr«, »Straße-Platz«, »Brücke«, »Monument — Ruine« und »Stadtidylle« durchaus Unverfängliches ansprechen.

Schinkel steht allein

Allerdings hätte man sich auch hier ein anderes Gliederungsprinzip vorstellen können, in dem es um die Differenz der malerischen Grammatiken in der Auffassung der Stadt gegangen wäre. So aber steht unter dem Thema »Dachlandschaft« ein schöner »Corinth« neben einem faszinierenden »Juan Gris« — und in beiden Fällen interessiert nicht das Thema, sondern eigentlich nur der, der es behandelte — und es verwandelte, sich anverwandelte. Hier liegt aber wahrscheinlich immer das Problem jeder unter einem Thema stehenden Ausstellung: Es ist gar nicht möglich, ein bestimmtes Thema konsequent und überzeugend darzustellen, ohne den gewählten Bereich — hier die Malerei im engeren Sinne — zu verlassen und sich etwa geistesgeschichtlichen, formgeschichtlichen oder gar soziologischen Fragestellungen zu widmen. Und man ist sich dessen auch sehr wohl bewußt gewesen. Schwieriger wird das Problem in den letzten drei Themengruppen: »Menschen in der Stadt« und damit zusammenhängend »Verlockung und Bedrohung«, vor allem aber beim letzten Thema »Die Vision der Stadt«.

Louis Anquetin

Max Radler

Verlockung und Bedrohung stehen in engstem Zusammenhang mit einer positiv oder negativ formulierten Vision der Stadt. Es war für den Rezensenten überraschend, daß er – ohne auf die Themen zu achten – sich einfach die herausragenden Werke vermerkte und hinterher feststellte, daß unter den etwa dreißig Titeln sich allein 13 aus aus diesen beiden Themenbereichen fanden. Die Namen der Künstler sagen in diesem Falle viel – fast alles: Schinkel ist zweimal vertreten, da er die einzigen Beiträge im Sinne einer exakten Architekturvision liefert, wie sie dann viel später der heute vergessene Josef Ponten in seinem Buch »Architektur, die nicht gebaut wurde« für den Beginn des Jahrhunderts versuchte.

Architektur, die nicht gebaut wurde

Aber neben Schinkel stehen zweimal auch Otto Dix, viermal George Grosz, zweimal Feininger und neben Paul Klee noch Vieira da Silva. Außer dem Schinkelbeitrag läßt sich jedoch kaum einer der anderen ohne Zwang in das vorgeschlagene Schema einordnen: Die Vision vom Untergang der Städte, aber auch die von ihrer Neugründung ist wirklich durchschlagend überhaupt nicht von den Malern, sondern so gut wie ausschließlich von den Dichtern (hinsichtlich der Negation) und von den Architekten (im Blick auf die Zukunft) thematisiert worden. Hier also, meinen wir, scheitert die Konzeption: Was denn hätte die Malerei an Visionärem der zwar etwas sentimentalischen Klage des jungen Rilke im Stundenbuch, was aber insbesondere den gewaltigen Sprachkunstwerken eines Georg Heym innerhalb des Themas »Verlockung und Bedrohung« entgegenzusetzen? Charakteristisch, daß an dieser Stelle Dix und Grosz auftauchen, deren Themen mit der Stadt meist nur als Rahmen zu tun haben, innerhalb des Titels »Vision» aber Arbeiten von Klee, Feininger und Vieira da Silva, auch Max Ernst, die den Gegenstandsbereich transzendieren: transzendieren auf eine künstlerische Struktur hin, in der zwar vielleicht der Traum, nicht aber die Vision einen Platz hat. Hier steht Schinkel mit seinen Bildern allein.

Sehen wir jedoch von solchen Mißlichkeiten ab, die immer mit der Durchführung eines Konzepts verbunden sind, da es ebensosehr dazu verleitet, etwas wirklich zu »entdecken«, wie etwas anderes willkürlich »hineinzusehen«, so gibt es in allen Gruppen eine Reihe bedeutender Bilder, die von 16 privaten Sammlungen und Leihgebern – außer den Beiträgen von Ungenannten und denen der Kunsthalle selbst – und 22 öffentlichen Instituten entliehen wurden. Eine respektable, eine gelungene Leistung.

Beispiel: Kanal in Berlin

Unmöglich, hier einzelne Werke zu nennen: verwiesen aber sei auf ein besonders schönes Bild von Erich Heckel, das den Meister auf einem seiner Höhepunkte zeigt: »Kanal in Berlin« aus dem Jahre 1912, dem Todesjahr Georg Heyms, der in der Havel ertrank. Eine beziehungsvolle Duplizität der Ereignisse, da wohl niemand das Raumerlebnis, durch das ein Kanal die Stadt aufschließt, so intensiv gemalt hat wie Heckel und neben ihm sein Freund Max Kaus, niemand aber auch die

Drohungen und Unheimlichkeiten der Stadtszene — die auch in Heckels Bild eindringlich erscheinen — in solch fast mythologischer Kraft geformt hat, wie Heym in seinen Berliner Sonnetten.

Daß dies Heckelbild einmal Teil der Sammlungen der Kunsthalle war und durch die Aktion »Entartete Kunst« im Jahre 1937 verlorenging, ist besonders bedauerlich. Aber Bilder haben eben auch ihre Schicksale — und in diesem Falle sagen sie alles über die Räuber und ebensoviel über den Mann, der das Heckelbild durch seinen Ankauf wenigstens für Deutschland rettete, den Kölner Sammler Haubrich.

Paula Modersohn-Becker 1876-1907

Kunst ist immer auf einem langen Weg zu ihren Wirklichkeiten — und diese sind nicht unbedingt die Realitäten der erscheinenden Welt. Und wenn man auch wie Dr. Günter Busch, Goethe zitierend, sagen mag, daß sie immer auf der jeweiligen Stelle ihres Weges, gemäß der in ihr wirkenden »Entelechie«, Zeugen ihrer Vollendung, des ganzen in ihr wirkenden »Daseins« beibringe, so mag man doch angesichts der mehr als überraschend wirkenden inneren Konsequenz des Weges, den Paula Modersohn-Becker gegangen ist, auch fragen dürfen, wohin er geführt hätte, wenn dieser Künstlerin ein längeres Leben beschieden gewesen wäre. Denn auch sie hebt die grundlegende Erfahrung nicht auf, daß man zwar aus innerer Notwendigkeit werden mag, der man immer ist, daß doch aber auf diesem Wege zur »Wirklichkeit« der Kunst anderes »in die Erscheinung« tritt, wenn man dreißig ist, und wieder anderes, wenn man ein höheres Alter erreicht.

Auch künstlerisches Dasein hängt nicht nur von dem ab, was in uns angelegt ist, sondern was an Kräften der Wirklichkeit auf uns wirkt, wie wir es verwandeln und damit uns zu eigen machen. Die biographische Betrachtung kann zur Erkenntnis eines künstlerischen Weges manches beitragen: In diesem Sinne ist die »Wirklichkeit« des Künstlers und seiner Kunst nicht nur klassische »Entelechie« (Gestaltungskraft zur Entwicklung der Anlagen in dem Sinne, wie aus der Eichel schließlich der Baum wird), sondern sie ist auch Herausforderung und — Antwort.

Zeichenunterricht als 16jährige

Das Elternhaus der Paula Modersohn-Becker bot keine ungewöhnlich günstigen, aber auch keine schlechten Voraussetzungen. Einige

Paula Modersohn-Becker   Alte Frau

Sorgen rein materieller Art haben die Familie immer begleitet: Das ergibt sich ganz augenscheinlich daraus, daß der Vater – Eisenbahningenieur – der Tochter eine sicherstellende Ausbildung als Lehrerin zuteil werden ließ und auch später wiederholt darauf drängte, daß Paula Gouvernantenstellungen annähme, um den Lebensunterhalt und die weitere Ausbildung zu gewährleisten. Eine durchaus kleinbürgerliche Sphäre also, aus der die Künstlerin erwuchs, die auch nicht wesentlich dadurch verändert wurde, daß sie mütterlicherseits aus thüringischem Adel herkam. Doch lernte die am 8. Februar 1876 Geborene nach der 1888 erfolgten Übersiedlung von Dresden-Friedrichstadt nach Bremen in ihrem Elternhaus frühzeitig Männer wie A. W. Heymel und R. A. Schröder kennen, was zwar nichts besonderes für ihre Entwicklung bedeutete, jedoch die geistige Sphäre, in der Paula aufwuchs, kennzeichnet. Schon 1892 erhält die Sechzehnjährige Zeichenunterricht bei dem Bremer Maler Wiegandt.

Aber zunächst macht sie eine Ausbildung als Lehrerin durch und schließt ihr Studium 1895 ab. Während dieser Zeit ruht ihre künstlerische Arbeit fast vollkommen.

Von 1896 bis 1898 arbeitet sie künstlerisch in Berlin, auch in Worpswede: Ihre wichtigsten Lehrer sind Ludwig Dettmann, ein ausgezeichneter Realist, und Fritz Mackensen. Ihre frühen Arbeiten weisen noch auf diese Einflüsse hin, obwohl sich schon in ihnen die Züge ihrer besonderen Begabung unübersehbar ablesen lassen. Das zeigen viele ihrer frühen Akzentzeichnungen. In ihnen deutet schon manches auf Späteres, ohne daß nun diese Ansätze immer mit letzter Konsequenz fortgesetzt worden wären (Blätter 229–234 des Katalogs zu den Bremer Ausstellungen).

Literatur als berauschende Kraft

In diesen Jahren aber liest sie die zeitgenössische Literatur, Jacobsens »Niels Lyhne« und »Frau Marie Grubbe«, sogar Nietzsches »Zarathustra«, den sie verschlingt, von der starken berauschenden Kraft dieser Prosa hingerissen. Aber keineswegs wird ihr Leben durch derartige Lektüre wirklich bestimmt, sie übt nur eine der Lesenden nahezu unbewußte Funktion der Anregung aus, die mehr über die Tiefenschichten des Bewußtseins wirkte, als zu aktueller Entdeckung neuer Realitäten hinzuleiten. Denn gleichzeitig wirkte in ihr – so dem Tagebuch aus dem Sommer 1897 zu entnehmen – ein anderer Lebenskreis mächtig mit: Worpswede!

»Worpswede, Worpswede, Worpswede! Versunkene-Glocke-Stimmung! Birken, Birken, Kiefern und alte Weiden. Schönes, braunes Moor, köstliches Braun!« Und diese Daseinsstimmung sollte den Grund für ihre Anfänge als Malerin liefern, in denen sie gedämpft-tonige Landschaften voller getrübter Grüns, jenem bejubelten Braun und graublauen Himmeln lieferte, wie sie manch anderer auch malte. Angenehme, sanfte Arbeiten, die die überdauernden Grundzüge dieser Landschaften mit großem Verständnis herausarbeiteten, mit denen allein sie aber nie über die neben ihr arbeitenden Künstler zu sich selbst gekommen wäre, zu der Paula Modersohn-Becker, deren reifste Bilder in den Jahren 1906 und vor allem 1907, in ihrem Todesjahr, entstanden.

Das Moor und Worpswede wirken in ihr noch immer, als sie schon längst zum erstenmal in Paris gewesen war. In einem Brief an Otto Modersohn vom 31. Januar 1901 schreibt sie: »... so viel Moorluft und Birkenschönheit und Allgewalt der Natur.« Aber in den Berliner Jahren lernte sie doch auch eine andere, schärfere, von mehr Intellekt als vagem Gefühl bestimmte Lebensluft kennen. Und neben einer »Feierstunde bei Böcklin«, dem Prototyp des deutschen Symbolisten, lernte sie ganz anderes kennen, das ihrer Natur weniger entsprochen haben mag: »Frauenemanzipation ist doch in diesem Rottenauftreten sehr unschön und unerfreulich.« Dagegen wird positiv verzeichnet »ein stiller Abend in Schmargendorf bei Rilke«.

Der Durchbruch kommt mit Paris

Dann aber kam mit den wiederholten Paris-Aufenthalten in den Jahren seit 1900 (1901, 1903, 1905) doch der entscheidende Durchbruch, der ihre Begabung kennzeichnet. Sie hat auf diesen Reisen eine Fülle von Anregungen gewonnen, wichtige Begegnungen gehabt. Sie hatte früher schon Carl und Gerhart Hauptmann kennengelernt, sie war Böcklin begegnet, in Paris lernte sie durch Rilkes Vermittlung auch Rodin kennen, Manet, Degas und Renoir wurden näher erfahren, auch Cézannes Bilder sah sie bei Ambroise Vollard, vor allem aber begegnete sie den Nabis, den auf der Ebene der bildenden Kunst den literarischen Symbolisten entsprechenden Meistern Vuillard, Bonnard und Maurice Denis, wohl auch Bernard. Das Paris dieser Jahre war noch erfüllt von der literarischen Auseinandersetzung der vielen symbolistischen Gruppen, die oft nur wenige Monate oder Wochen existierten, Zeitschriften gründeten und Zeitschriften schnell eingehen ließen.

1900 zum ersten Mal an der Seine

Allerdings, als die deutsche Künstlerin 1900 zum erstenmal den Boden dieser intellektuell und wirtschaftlich überschäumenden Stadt betrat, war der große Meister aus der Rue de Rome, Stephane Mallarmé, bereits zwei Jahre tot. Aber der Spätsymbolismus, der sich im Werk Marcel Prousts fortsetzte, war noch lebendig und wirkte in vielen Gestalten nach. Die Aufbruch- und Endzeitstimmung seiner Anfänge beherrschte noch das Fin de siècle: eine Atmosphäre, brodelnd von Ideen und Aufschwüngen, bevor die ganze Breite der cézanneschen Neugründung der Kunst ins Bewußtsein der Künstler getreten war.

Es ist auch für Paula Modersohn-Becker die Zeit ihrer reichsten und grundlegendsten Erfahrungen gewesen. Noch als reife Künstlerin, die sich ständig kritisch kontrollierte, aber unbeirrt dem sie leitenden Gotte folgte, bezog sie die Akademie Julian. Damals wies Rilke den Baron von der Heydt in Wuppertal zum erstenmal auf die neuen Bilder der Malerin hin. Alles, was sich an Protest gegen den offiziellen Naturalismus und seine Schöntuerei in ihren kartoffelknolligen Gesichtern von Bauernfrauen und Bauernkindern schon geäußert hatte,

Paula Modersohn-Becker
Stilleben

Paula Modersohn-Becker
Kinderbildnis

verwirklichte sich am stärksten in einer Reihe von Stilleben der beiden letzten Lebensjahre der Künstlerin.

Das Stilleben, eine wesentliche Gattung

Das Stilleben spielt nicht umsonst in dieser Periode künstlerischer Grundentscheidungen eine so wesentliche Rolle – bei Cézanne, bei der späten Paula Modersohn, bei den Kubisten. Hier, in diesen in sich geschlossenen Bildräumen, angesichts dieser stillgestellten Dinge, in dieser hermetisch für sich aktuell werdenden »Wirklichkeit« des Bildes, wurde in der Kunst das geboren, was Rilke in seinen späteren Arbeiten als »Weltinnenraum« bezeichnen sollte. Steckte schon in der Betonung des Häßlichen und Robusten dieser Bäuerinnen, dieser Bauernkinder und dieser Bauernleiber (das großartige Mutter-Kind-Thema in der Böttcherstraße) der Protest gegen alle verniedlichende, scheinrealistische Darstellung, so wurde mit diesen Stilleben, ohne Protest, der Boden einer neuen Seinsanschauung, einer neuen Seinserfahrung betreten. Man weist dabei oft auf Cézanne hin, besonders angesichts des großen Bremer »Stillebens mit Früchten« aus dem Jahre 1905. Und durchaus nicht ganz zu Unrecht: Eine von Cézannes Anregungen übernahm die Deutsche, da sie ihrer Grundhaltung ohnedies gemäß war: die strenge Ordnung der Dinge in einem Bildrelief, in einem von jedem Naturalismus gereinigten Bildraum, in dem die Dinge ohne Verweis auf ihre Nutzbarkeit ihr »Wesen« zeigen konnten. Dennoch: Das eigentliche Verständnis Cézannes blieb ihr versagt, einfach deshalb, weil sich an einer bestimmten Stelle ihr Weg von dem des Meisters von Aix trennte.

Zwei Elemente der Bildsprache des Franzosen blieben außerhalb der Erfahrungswelt der Bremerin: die Bedeutung der Farbmodulation für den Bildraum bei Cézanne und seine wichtige Entdeckung der inhaltlichen Funktion der Formwandlung, des später »Deformation« genannten Prinzips, das eine nochmalige Aufhebung der Realitätsassoziation bewirkte und noch stärker den Bildinnenraum als Weltinnenraum bestimmte. Ihre wohl bedeutendsten Stilleben, in denen sie sich auf ihrem eigensten und schwer hergerichteten Wege befand, bezeugen dieses Anders-Sein: das »Stilleben mit Orangen, Bananen, Zitrone, Tomate« (1906) aus der Staatlichen Kunsthalle in Karlsruhe, das »Stilleben mit Krug, Leuchter und Früchten« (1907) aus dem Von-der-Heydt-Museum in Wuppertal und das ebenfalls 1907 entstandene »Stilleben mit Orangen und Steinguthund« aus dem Landesmuseum in Oldenburg. Noch manche andere von gleicher Qualität aus Privatbesitz wären zu nennen.

Hier ist die Deutsche auf eigenem Grund angelangt, der sie zur wichtigsten Trägerin der symbolistischen europäischen Bewegung auf deutschem Boden machte, vielleicht auch in manchem zur Anregerin der Expressionisten werden ließ (in Paris lernte sie Emil Nolde kennen), deren Beginn nach ihrem Tode lag.

Einblick in diese Zusammenhänge, die hiermit nur angedeutet sind, kann allein eine so umfassende Ausstellung geben, wie sie jetzt von der Kunsthalle in mühevoller Zusammenarbeit mit einer Fülle deutscher und ausländischer Museen sowie vielen privaten Leihgebern erstellt wurde. Der Katalog, der auch die Ausstellung aus dem reichen Bestand der Böttcherstraße einschließt, dürfte für lange Zeit Grundlage für eine breitere Forschung sein, die nach diesen Ausstellungen gewiß erst einsetzen wird. Denn das grundlegende Werk, das die Vielfalt der geistigen und künstlerischen Bewegungen berücksichtigen muß, aus der das Werk der Paula Modersohn erwuchs, ist noch nicht geschrieben. Es wird nicht nur ein wichtiges Kapitel deutscher Malerei am Beginn unseres Jahrhunderts zu behandeln haben, sondern auch einen Beitrag der Deutschen zu einer in ihrem Ursprung französischen Bewegung leisten müssen, die weltweit sichtbare Spuren hinterlassen hat. Was Beaudelaire, der Vater des Symbolismus, in den Schlußversen der »Fleurs du Mal« formulierte: »... laß uns ... zum Abgrund tauchen, Hölle oder Eden, zum Unbekannten, auf des Neuen Spur« – dieser Enthusiasmus des Aufbruchs zu neuen Ufern beflügelte auch das Werk der Paula Modersohn-Becker.

Das letzte Wort
zu Paula Modersohn-Becker ist noch
nicht gesprochen!

Der Erweiterungsbau der Bremer Kunsthalle in der Diskussion

Es ist in der letzten Zeit wiederholt danach gefragt worden, warum bisher die Wettbewerbsentwürfe für die Kunsthallenerweiterung der Öffentlichkeit nicht zugänglich gemacht wurden und die Forderung ist daran – auch in einem Leserbrief der BN – geknüpft worden, das baldmöglichst nachzuholen. Wenn der Eindruck der Geheimniskrämerei entstanden sein sollte, so ist der gewiß falsch. Der geschäftsführende Vorstand des Kunstvereins hat es für richtig gehalten, die durch den Wettbewerb entstandene Problematik im engeren Kreise zu diskutieren, zumal von verschiedenen Seiten – nicht nur von Sachverständigen, sondern auch von interessierten Laien und Politikern – Kritik an den Wettbewerbsvorgaben, insbesondere an dem dem Wettbewerbsprogramm zugrundegelegten Bebauungsplan, geübt wurde. So konnte auch nach dem Wettbewerb keine eindeutige Entscheidung gefällt werden. In mehreren Sitzungen hat seitdem der Vorstand des Kunstvereins sowohl in engerem Rahmen, wie zuletzt in sehr viel breiterem die mit der Erweiterung verknüpften städtebaulichen, funktionellen und architektur-ästhetischen Fragen diskutiert.

In der Standortfrage kontrovers

In der letzten großen Diskussion am 21. Juni in der Kunsthalle waren nochmals Vertreter des Vorstandes des Kunstvereins, Vertreter der Baubehörden, Vertreter der Ortsamtsbeiräte, der Deputationen, interessierte Vertreter der allgemeinen Öffentlichkeit und Mitglieder des Kunstvereins zu einer die Fragen breit entfaltenden Diskussion zusammengetreten. Bemerkt werden muß dazu, daß nicht den geringsten Teil des Anstoßes Gegenvorschläge gegeben hatten, die außerhalb des Wettbewerbs von Bremer Architekten vorgelegt worden waren, die implizit eine Kritik an dem vorgegebenen Bebauungsplan darstellten. Auch in der letzten Diskussion stießen die scharf kontroversen Standpunkte in dieser Frage klar aufeinander. Das Problem sei hier kurz umrissen.

Durch den dem Wettbewerb zugrundeliegenden Bebauungsplan war die Südbebauung der Kunsthalle vorprogrammiert. Aber gerade gegen diesen Plan richteten sich die Argumente der Gegner des Projekts in der bisher vorliegenden Form. Sie argumentierten in zweierlei Hauptrichtungen. Erstens würden die ohnehin an vielen Stellen schon in Mitleidenschaft gezogenen Wallanlagen ohne zwingende Notwendigkeit in zerstörerischer Weise weiter verkleinert und ihres gerade an dieser Stelle besonders ausgebildeten landschaftlichen Reizes beraubt.

Zweitens aber würde ein für Bremen aus dieser Periode hervorragend erhaltenes bauliches Kunstwerk für immer in seiner auch in der Südfassade eindringlichen Plastizität total verstümmelt, eine Verstümmelung, über die die vorliegenden Pläne den Laien hinwegtäuschten, da aus ihnen nicht klar hervorginge, daß gerade die plastisch ausgebildete Pilasterfront der Rückseite so gut wie total verstellt würde. Das Bedenken wurde von vielen Seiten geteilt — mit Ausnahme des Verfassers des diskutierten Hauptentwurfs des Wettbewerbs und eines Vertreters der Bauverwaltung.

Zwei Vorschläge als Gegenargument

Die Gegenvorschläge bezogen sowohl die Ostbebauung wie die Westbebauung in Betracht, da in beiden Fällen (vor allem bei der Ostbebauung) ein Eingriff in den architektonischen Bestand und die vorgegebene Struktur am wenigsten schmerzlich sei und — im Falle der Ostbebauung auch eine maximale Schonung der Wallanlagen möglich erschiene. Der Verfasser des Hauptentwurfs hatte sich denn auch darangemacht, sowohl die Ost- wie die Westvariante zu erproben, fand in allen spezifische Vor- und Nachteile, entschied sich dann aber doch für die inzwischen variierte und reduzierte Südbebauung, ohne weiter auf die vorgetragenen Gegenargumente einzugehen. Ein maßgebender Vertreter der Bauverwaltung faßte seine Argumente für die Südbebauung dahingehend zusammen, daß nur bei einer solchen Bebauung das maximale funktionale Programm für eine Kunsthalle zu verwirklichen wäre, während alle Versuche der Ost- oder Westbebauung da entweder Abstriche zulassen müßten oder — im Osten vor allem — eine zu starke Verbauung der an dieser Stelle überaus wünschenswerten Öffnung zu den rückwärtigen Wallanlagen in Kauf nehmen müßte.

Die Rückfront der Kunsthalle

Dieser Begründungsversuch für die Südbebauung konnte allerdings nicht mehr diskutiert werden, die in ihm liegenden dogmatischen funktionalistischen Vorhaben blieben daher — zur weiteren Diskussion im Rahmen des geschäftsführenden Vorstandes des Kunstvereins — offen. Im Rahmen seines Plädoyers hatte der Vertreter der Bauverwaltung darauf hingewiesen, daß auf jedem Wege, der für die Lösung der Aufgabe beschritten werden könnte, irgendwelche Widerstände zu erwarten wären, daß sich der Vorstand des Kunstvereins bei seinen kommenden Entscheidungen also über diese Möglichkeiten klar werden müßte, um, wie Altbürgermeister Dehnlamp gegen Schluß der Diskussion betonte, aus den verschiedenen Vorschlägen und Bedenken in der Abstimmung funktioneller Bedürfnisse, städtebaulicher und architekturstruktureller Forderungen einen maximalen Kompromiß zu finden.

Dem Rezensenten schien dieser Schluß einer in jedem Augenblick sachlichen, ja leidenschaftslos geführten Diskussion ein angemessenes Ergebnis zu sein. Die zahlreichen Beiträge dürften je nach ihrem Gewicht gewiß in die endgültige Entscheidungsfindung des Kunstvereinsvorstandes eingehen, der nun in dieser Frage wieder allein das Wort hat.

Diejenigen, die mit Ungeduld auf etwaige Ergebnisse warten, werden sich also noch etwas gedulden müssen — aber eine rechtzeitige, ungeschminkte Information der Öffentlichkeit dürfte durch das bisherige Vorgehen des Kunstvereins gewährleistet sein.

Das Urteil eines Städtebauers als Entscheidungshilfe

So standen die Dinge um die Erweiterung der Kunsthalle vor 15 Monaten. Inzwischen ist, wie man hört, durch das maßgebliche Urteil eines bedeutenden Städtebauers, Professor Hillebrechts (Hannover), eine grundsätzliche Entscheidung für die Ostbebauung erfolgt: doch die Pläne dafür blieben der Öffentlichkeit bisher vorenthalten. Ein endgültiges Urteil über die der Erweiterung zugrundegelegte Planung wird sich erst zu einem späteren Zeitpunkt finden lassen: alles kommt jetzt darauf an, wie die Anbindung der Erweiterung in den Einzelheiten erfolgt und in welcher Beziehung das Material des Neubaus zum Altbau steht.

Die Entscheidung für die Ostanbindung ist gefallen

Der Anbau
der Kunsthalle kann begonnen werden

Nun ist es also endlich soweit: Nach fast acht Jahren andauernder Bemühungen – von den ersten Vorgesprächen Mitte 1970 bis zur Eröffnung der Ausstellung einer Dokumentation über den Erweiterungsbau der Kunsthalle am Sonntag um 11.30 Uhr in der Kunsthalle mit Ansprachen des Senators für Wissenschaft und Kunst, Horst-Werner Franke, des gegenwärtigen Vorsitzenden des Kunstvereins Bremen, Senator a. D. Rolf Speckmann, und des Hausherrn, Direktor der Kunsthalle Dr. phil. Günter Busch – kann jetzt das vorläufige Endergebnis der Bemühungen um Realisierung eines wichtigen Plans zur Aufrechterhaltung und Entwicklung der Tätigkeit des Instituts vorgelegt werden.

Erinnern wir uns kurz und in der erforderlichen Beschränkung auf das Wesentliche an das Geschehene. Nach vielen Vorgesprächen, mannigfachen Absprachen über Programm und Planung und mannigfachen Zwischenzusagen, darunter vor allem der Zustimmung aller Parlamentsfraktionen zur Erweiterung der Kunsthalle durch einen Anbau am 23. Juli 1973 wurde endlich ein Gutachterverfahren eingeleitet, das Klarheit über die endgültige Form der Lösung bringen sollte. An dem Gutachterverfahren nahmen die Architekten Professor Werner Düttmann, Berlin, Prof. Dipl.-Ing. Dieter Oesterlen, Hannover, Dipl.-Ing. Werner Kallmorgen und Partner, Hamburg, und die Architektengruppe Bert Gielen und Partner in Bremen teil.

Wie bekannt, endete das Verfahren mit der Entscheidung in der Obergutachtersitzung am 17. Dezember 1975, den Entwurf von Prof. Werner Düttmann zu weiteren Bearbeitung vorzuschlagen. Inzwischen lagen aber zwei unaufgefordert eingereichte Entwürfe vor, die im Gegensatz zu dem dem Gutachterverfahren zugrunde liegenden Bebauungsplan mit einer Südanbindung des Erweiterungsbaues – dem alle Teilnehmer am Wettbewerb ausnahmslos folgten – standen und statt dessen eine Ostanbindung forderten.

Beide Entwürfe, völlig unabhängig voneinander und mit ganz verschiedenen Lösungen zum selben Resultat gekommen, fanden in der nun anschließenden leidenschaftlichen Diskussion die grundsätzliche Zustimmung der meisten jener Fachleute, die mit den Lösungen der Ausschreibung nicht einverstanden waren. Dabei spielte weniger die Inanspruchnahme zu großer Teile der Wallanlagen eine Rolle, als vielmehr die bei dem zugrunde gelegten Bebauungsplan unvermeidliche Verbauung der architektonisch wichtigen südlichen Giebelfront. In der Tat hatten die Auslober des Gutachterverfahrens vollkommen übersehen, welche architektonischen Konsequenzen ihre Entwurfsvorgaben haben mußten, und ließen sich dann erst nach leidenschaftlichen

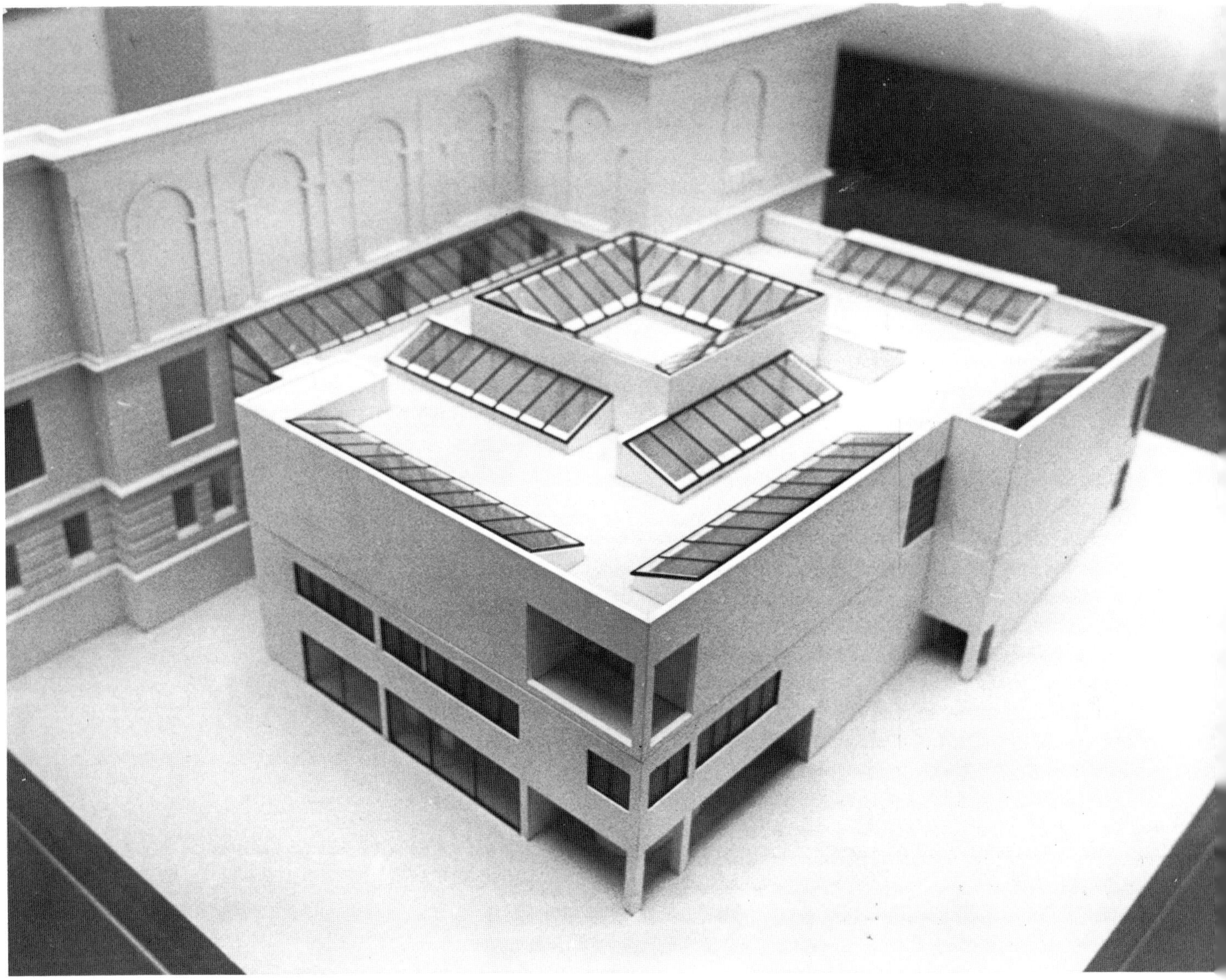

Modell des Erweiterungsbaues

Diskussionen dazu herbei, Herrn Professor Dr.-Ing. Rudolf Hillebrecht aus Hannover herzubitten, um in dem Streit eine Entscheidung zu fällen, der sich alle unterwerfen wollten. Diese Entscheidung fiel eindeutig zugunsten der Ostbebauung, für die zwischenzeitlich auch Prof. Düttmann einen Vorschlag eingereicht hatte.

Diese Entscheidung war also zweifellos ein Erfolg der geistigen Arbeit, die in den unaufgefordert eingereichten Entwürfen sich niedergeschlagen hatte, ein Zusammenhang, der in den einschlägigen Darstellungen auch der Kunsthallenleitung nicht in voller Klarheit zum Ausdruck kommt. Die Priorität für den Vorschlag einer Ostbebauung liegt eindeutig bei diesen Bearbeitern (siehe BN vom 24. Juni 1976), die allerdings in der Folge nicht mehr befragt wurden.

Der neue Vorschlag auf der Grundlage der Hillebrechtschen Entscheidung, der zwischenzeitlich die Zustimmung aller politischen und amtlichen Stellen fand, liegt nun also vor und kann von einer kritischen Öffentlichkeit besichtigt werden.

Wir wollen hier den Vorschlag hinsichtlich seiner funktionellen Lösungen, hinsichtlich der architektonisch-plastischen Gestaltung und schließlich hinsichtlich der Materialkomponente einer kurzen kritischen Untersuchung unterziehen. Man muß dabei berücksichtigen, daß der Entwurfsverfasser weitere Randbedingungen hinnehmen mußte, die aus Bebauungsplanbeschränkungen der Gartenbaudirektion stammen – das soll hier hinsichtlich seiner Berechtigung nicht eigens diskutiert werden. Es sei aber festgestellt, daß wir diese Entscheidungen für ebenso falsch halten wie die Südbebauung.

Aus Zwängen das relativ Beste gemacht

Professor Düttmann mußte seinen Erweiterungsbau also unmittelbar an die Kunsthalle anschließen – eine Lösung, die im Prinzip schon sein erster Vorschlag für eine Ostbebauung enthielt, die er damals noch zugunsten der Südbebauung ablehnte. Wie die Dinge nun einmal liegen, hat er aus den Zwängen das relativ Beste gemacht. Darauf verweist schon der – richtige – Oberlichtanschluß auf die größte Länge der Ostfront. Auch das ja nicht komplizierte Programm und die in ihm enthaltenen Forderungen sind hinreichend erfüllt. Auf Einzelheiten braucht an dieser Stelle nicht eingegangen zu werden. Doch sei besonders hervorgehoben, daß die Raumfolge des Ausstellungsbereichs nach meiner Meinung eine besonders glückliche Lösung zeigt, für die die Mitarbeiter der Kunsthalle sicher dankbar sein werden. Auch die übrigen Hauptforderungen – Saalbau, Café, Aktionsräume und Depots – sind gut aufeinander abgestimmt. In der Grundrißanlage liegt die anerkennenswerte Stärke des Entwurfs.

Dagegen enthält die architektonisch-plastische Lösung einige klar erkennbare Mängel. Die Konzeption selbst lehnt sich eng an den frühen Funktionalismus der zwanziger Jahre an. Seine wichtigste Konsequenz war der Verzicht auf plastische Einheit des Baukörpers zugunsten der Auflösung der architektonischen Komposition in die einzelnen Flächen des Gebäudes: Jede Fassade war im Prinzip ein für sich isoliertes konstruktives »Bild« — ein vergrößerter Mondrian.

Man sieht deutlich, daß auch Prof. Düttmann diesem Konzept der zwanziger Jahre noch verpflichtet ist. Das brauchte kein Nachteil zu sein, wenn die Fassadenkomposition den zu stellenden ästhetischen Forderungen genügte. Sieht man das Modell in der Richtung Süd-Ost, so erkennt man deutlich, wie die Elemente der Fassade »entgleisen«. Es gibt aber, wie jeder Betrachter des Modells erkennen kann, hier eine einleuchtende Lösung: Man verzichte auf die Loggia in der Ausstellungsebene, die ohnedies nur Ruheplatz des Herbstlaubs wäre — und das Fassadenproblem scheint schon gelöst, abgesehen davon, daß zusätzlicher Ausstellungsraum gewonnen würde. Auch über die wechselnde horizontale und vertikale Fenstereinteilung, die allzu kunstgewerblich anmutet, sollte noch einmal nachgedacht werden.

Eine Frage bleibt:
Die Ausbildung der Außenhaut

Ein letzter, sehr wichtiger Punkt, über den aus den Plänen nichts zu entnehmen ist: die Ausbildung der Außenhaut. Der Bau ist offenbar als Mischkonstruktion aus tragendem Stahlbeton und Mauerwerk geplant, die im allgemeinen wirtschaftlichste Lösung, die aber Probleme mit sich bringt. Man könnte sich vorstellen, daß die konstruktiven Stahlbetonteile als Sichtbeton gearbeitet, die Mauerwerksflächen aber verputzt würden. Dem Geiste des Entwurfs entspräche eine solche Lösung nicht. Der frühe Funktionalismus schätzte glatte Flächen (so sieht man sie auch bei Dütmann) und verzichtete auf eine Artikulation der konstruktiven Elemente des Bauwerks: Rietvelds Haus Schröder in Utrecht und die Bauhausmeister-Häuser von Gropius sind Beleg genug dafür. Aber Stahlbetonstützen verputzen? Das wäre ja die logische Konsequenz. Da erscheint eine vom 100jährigen Altbau sich völlig freimachende Verkleidung der Fassade mit Werkstein — wenn man vom Kostenfaktor einmal absieht — als das konsequente Verfahren. Nur darf man sich nicht an das alte Muster der Kunsthalle klammern: Man muß vielmehr die Flächen in freier Komposition auflösen und sich nicht etwa einer strikten Verbandsregel unterwerfen.

Das Ganze ist mehr als ein Problem der etwaigen Denkmalspflege, es ist ein erstraniges Problem architektonischer Gestaltung. Und man sollte ruhig überlegen, ob man ein derartiges Verfahren auch dann in Betracht zieht, wenn zur Zeit das Geld nicht reicht. Vielleicht findet sich ebenso wie einst bei der Kunsthalle selbst später ein Mäzen, der es mit einer Spende möglich macht.

Im großen Stil der Farbe

Es gibt eine Reihe bedeutender Malerinnen im Laufe des 19. und 20. Jahrhunderts, selten jedoch sind Frauen als Neuerer aufgetreten. Paula Modersohn-Becker, zu deren 100. Geburtstag Bremen nun zwei Ausstellungen präsentiert (Kunsthalle und das Modersohn-Becker-Haus in der Böttcherstraße – bis 4. April), übernahm zwar wesentliche Anregungen dem Schaffen Cézannes wie dem der Nabis, war aber zugleich eine der frühesten Vermittlerinnen dieser Gedanken im Rahmen der deutschen Kunstszene am Anfang des 20. Jahrhunderts.

Der Weg dahin ist für die Künstlerin nicht leicht gewesen – ein Blick auf die Lebensgeschichte gewährt da ganz bestimmte Einblicke. Frühzeitig lernt sie in ihrem Elternhaus Männer wie A. W. Heymel und R. A. Schröder kennen, die zwar kaum Besonderes für ihre persönliche Entfaltung bewirken, jedoch die geistige Atmosphäre kennzeichnen, in der sie aufwächst. Nach dem Abschluß ihrer Schulbildung macht sie zunächst eine Ausbildung als Lehrerin durch, die sie 1895 abschließt.

Der Naturalismus wird verlassen

Doch schon von 1896 bis 1898 arbeitet sie künstlerisch in Berlin, auch in Worpswede. Ihre Lehrer sind Ludwig Dettmann und Fritz Mackensen. Selbstverständlich weisen ihre frühen Arbeiten in ihrer naturalistischen Sachlichkeit diese Einflüsse aus. Doch schon hier zeigen sich die ihr besonderen Züge einer knappen plastischen Auffassung der menschlichen Figur: ablesbar an manchen ihrer frühen Aktzeichnungen, die auf Späteres, den Naturalismus Übersteigendes verweisen, ohne daß diese Ansätze freilich stetig fortgesetzt worden wären.

Dazu bedurfte es noch weiterer Anstöße. Sie liest viel Zeitgenössisches in diesen Jahren. Die Romane Jacobsens, »Niels Lyhne« und »Frau Marie Grubbe«, auch Nietzsches »Zarathustra«. Zur selben Zeit wirkte ein anderer Lebenskreis machtvoll auf sie ein: »Worpswede, Worpswede, Worpswede! Versunkene Glocken-Stimmung! Birken, Birken, Kiefern und alte Weiden. Schönes, braunes Moor, köstliches Braun!«

Aus dieser Daseinsstimmung kamen jene beruhigten, gedämpfttonigen Landschaften voller getrübter Grüntöne und jenem bejubelten Braun unter blaßblauen Himmeln. Landschaften, wie sie damals in Worpswede manch anderer auch malte, angenehme, sanfte Arbeiten, die sie nie über die neben ihr in der Künstlerkolonie Arbeitenden hinausgeführt hätten – hin zu jener Paula Modersohn-Becker, deren reifste Bilder in den Jahren 1906 und 1907, ihrem Todesjahr, entstanden sind.

Moor und Worpswede wirkten in ihr immer noch nach, als sie längst zum erstenmal in Paris gewesen war. In derselben Zeit lernte sie aber in Berlin auch eine andere, schärfere, erbarmungslosere Lebensluft kennen, getragen weniger vom enthusiastisch hochgetriebenen Gefühl als von der kritisch scheidenden Kraft des Intellekts. Neben Böcklin, den sie dort kenenlernte, muß sie damals auch Rilke näher gekommen sein. »Ein stiller Abend bei Rilke in Schmargendorf«, wird in ihren Aufzeichnungen positiv vermerkt.

Für ihr künstlerisches Schicksal kamen die wichtigen Durchbrüche und Einsichten mit den verschiedenen Parisreisen (1900, 1901, 1903 und 1905). Durch Rilkes Vermittlung lernt sie Rodin und seine neue Formensprache kennen, dort begegnet sie den Bildern von Manet, Degas und Renoir, Cézannes Bilder sah sie bei Ambroise Vollard, nun entdeckte sie die revolutionären Arbeiten der Nabis, jenen Malern, die auf der Ebene der bildenden Kunst den literarischen Symbolisten entsprachen. Vuillard, Bonnard und Maurice Denis, sicher auch Bernard wurden ihr geläufige Namen.

Wer sich die Ruhe nimmt, das in der Bremer Kunsthalle zusammengetragene Material eingehend zu studieren, wird an dieser hervorragend gemachten Ausstellung, wie sie aus dem Lebenswerk der Künstlerin bisher noch nie zustande kam, dokumentiert finden, was sich als Ertrag dieser Erfahrungen im Werk der Malerin niedergeschlagen hat. Auch die Böttcherstraße leistet mit ihrer Ausstellung der in ihr gesammelten Werke einen wichtigen Beitrag, der gemeinsam mit der Ausstellung der Kunsthalle im Katalog ausgewertet wird.

Zu den Lebensstadien der Künstlerin

Auf großen Tafeln gibt man Auszüge aus Briefen und Tagebüchern, andere Tafeln ordnen die Lebensstadien der Künstlerin in das allgemeine Zeitgeschehen ein. Auch eine Reihe von Beiträgen zeitgenössischer Künstler werden als »Hommage für Paula Modersohn-Becker« vorgestellt.

Der Ertrag dieses Lebenswerks, das in einer kurzen Schaffenszeit von knapp zwölf Jahren sich aus den Anregungen des Impressionismus, der Heimatkunstbewegung der Worpsweder Malerkolonie, den entscheidenden Anstößen durch den Symbolismus der Gauguin, Bernard, van Gogh bis hin zu den Nabis und Cézanne seine eigenen Lebensquellen erschloß, ist die Entscheidung gegen den Naturalismus und für die große symbolische Form. Sie formulierte: »Der große Stil der Form verlangt den großen Stil der Farbe.«

Die Bremer Ausstellung läßt den Weg erkennen, der durch solche Formeln belegt wird. Er ist nicht einfach linear ablesbar, führt aber mit innerer Konsequenz zu jener antinaturalistischen Entscheidung, die sie mit dem »großen Stil der Form« auch zugleich den »großen Stil der Farbe« suchen und finden läßt. Der große Weg der Form ist der Weg der plastischen Gestaltung, die an sich schon den positivistischen Naturalismus reduziert. Er wird früher sichtbar als der »große Stil der Farbe«: Hier waren die Entscheidungen schwerer, da auf ihm die Farbe als Ausdruckswert gegen ihre Auffassung als Zeichenwert entdeckt werden mußte.

Paula Modersohn-Becker
Selbstbildnis Blumenstilleben
Porträt R. M. Rilke

Der Zeichenwert der Farbe ist geläufig: Wiese grün, Zitrone gelb, Himmel blau, rot »Halt« als Verkehrszeichen, grün »Fahrt frei!« im selben Kontext, der Symbolwert der Farbe aber gehört der Ausdruckswelt an: Es kann Emotionales sein, wie »aufreizendes« Rot, »beruhigendes« Blau oder »warnendes« Gelb, oder er kann der Farbe überhaupt jeden gegenstandsbezeichnenden Charakter nehmen, in dem Äpfel und Apfelsinen nicht mehr als Naturgegenstände unterschieden werden, sondern allein im »Bildraum« eine auf diesen Raum bezogene Funktion übernehmen, damit zugleich aber auch auf eine übernaturale Realität verweisen: Das ist der Kern der symbolistischen Aussage.

Die Vorläuferin
Paula Modersohn-Becker

Diese vollzog sich zunächst nur im Stilleben, weil hier die »Deformationen« von Farbe und Form noch in einen dekorativen Zusammenhang gebracht werden konnten, der mit solchen Gewaltsamkeiten versöhnte: die transzendentale Wahrheit sofort zu entdecken, war dem Zeitalter noch nicht gegeben. Daß sie damit zu einer Vorläuferin des deutschen Expressionismus wurde (die »Brücke« wurde in ihrem Todesjahr gegründet), in dem dann ihre Entdeckungen auf andere Gegenstandsbereiche – Landschaft und menschliche Figur – übertragen wurden, ist offensichtlich.

In ihrem Stilleben schafft sie eine Bildwelt, einen Bildraum, der dem späteren »Weltinnenraum« Rilkes genau entspricht: Indem die Natur aufgehoben wird, wird die transzendentale Wirklichkeit sichtbar, die immer eine Übernatur konstituiert und dem Bild damit seinen hinweisenden Charakter auf ein »Ganzes« zurückgibt, das sich in der »konkreten« Wirklichkeit nur verhüllt zeigt. In der bei der Künstlerin noch kaum angedeuteten Deformation zeigt sich eine Transformation, die den Menschen in einen neuen Horizont stellt: in den der Wahrheit, die alle Wirklichkeit übersteigt.

Kunst im Stadtbild soll von allen verstanden werden

Eine Ausstellung der Universität Bremen

»Kunst im Stadtbild«, »Kunst am Bau«, »Kunst im öffentlichen Raum«, was bedeuten alle diese Formeln, diese Begriffe, von denen »Kunst am Bau« gerade dem Vorstellungsvermögen der Interessenten – oder, wie manche heute lieber sagen, der Verbraucher, der Benutzer – geläufig geworden war?

Wer sich hier orientieren will, wird guttun, sich eine Ausstellung unter dem Titel »Kunst im Stadtbild« anzusehen, die zur Zeit in der

Universität Bremen gezeigt wird. Sie gibt nicht nur einen bündigen und trotz mancher Verkürzungen sachgerechten und informativen Einblick in die besprochenen Sachverhalte, sondern läßt auch die Kunstpolitik in den wesentlichen Grundlinien in Erscheinung treten, die heute in der Kunstverwaltung des Stadtstaates Bremen verantwortet wird.

Die Ausstellung hat wesentlich belehrenden Charakter: Sie klärt nicht nur einige Begriffe, die heute die Leitlinien der Bremer Kunstpolitik bestimmen, sondern zeigt auch die historischen Zusammenhänge, aus denen diese Politik erwachsen ist. Vorweg: »Kunst am Bau« meint diejenigen plastische oder gemalte Kunsthandlung, die ergänzend (kompensatorisch) zum Bau hinzutritt, indem sie einen engeren inhaltlichen Bezug zu dessen Zweck sucht oder freier gestaltend nur gewisse Stukturen am Bauwerk heraushebt.

Optische Appelle

»Kunst im öffentlichen Raum« dagegen bindet sich nicht an ein Bauwerk, sondern sucht in ihrer Thematik für die Grundstimmungen und Grundentscheidungen der Zeit einen optischen Zusammenhang – so, wie übrigens im 19. Jahrhundert die meisten Denkmäler die Funktion hatten, an das Geschichtsbewußtsein, den Patriotismus oder an die dynastische Anhänglichkeit der Bürger zu appellieren. Daneben aber gibt es diejenigen, inhaltlich nicht bestimmten, meist halb- oder ganzabstrakten Kunstwerke, die an Straßen und auf Plätzen als »Zeichen im Raum« nur allgemeine Orientierungsanhalte geben und zumeist einen inhaltlich bestimmten künstlerischen Ausdruck vermeiden.

Derart wird in einigen geschichtlichen Exkursen nun die jeweils ausdrücklich oder unausdrücklich verfolgte Kunstpolitik dargestellt: von der Wilhelminischen Epoche über die Weimarer Republik, dem faschistischen Staat bis zum Neubeginn nach 1945. Diese vier Hauptetappen werden an zumeist ausgezeichnet gewählten photographischen Beispielen dargestellt. Die bürgerliche Selbstdarstellung im Denkmal oder die (indirekt natürlich auch nicht unpolitischen) Freiplastiken rein ästhetischer Funktion (so in Bremen der bekannte »Rosselenker« von Tuaillon). Hierbei wird allerdings in der Ausstellung allzusehr der Eindruck erweckt, als ob »bürgerliche« oder von bürgerlicher Seite geförderte Kunst sich »affirmativ« (einer gesellschaftlichen Position zustimmend, sie bejahend) zu ihrer Umwelt verhalte. Das ist gewiß falsch und der Eindruck wohl nur dadurch zu erklären, daß der Ausstellung nur begrenzter Raum und begrenzte Mittel (daher die einleitend genannten Verkürzungen) zur Verfügung standen und daß sie andererseits im Schwerpunkt aus deutschen Beispielen erarbeitet wurde.

Man braucht aber nur an das Denkmal für das zerstörte Rotterdam von Zadkine zu denken, um zu wissen, daß »bürgerlich« nicht »unkritisch« gleichzusetzen ist, man lenke für einige Augenblicke seine Erinnerung auf Künstler wie Caravaggio, Frans Hals, Velasquez, Jan von der Meer, auf Goya, Manet und Liebermann, um diese etwas unbedachte Abwertung des »Bürgerlichen« schlechthin ad absurdum zu führen. Man muß da schon genauer sagen, was man eigentlich meint, genauer auch, als es etwa Theodor W. Adorno gelungen ist, um nicht begrifflichen Fallstricken zum Opfer zu fallen.

Einige Vereinfachungen

Ganz ist das auch dieser Ausstellung, bei allem anerkennenswerten Bemühen um Objektivität, nicht gelungen. Der lehrhafte Zweck verleitet leicht zu Vereinfachungen. Es gilt da immer noch der Slogan von den »terribles simplificateurs« (schrecklichen Vereinfachern). Im Ganzen ist dennoch der historische Weg von der »Kunst am Bau« der Weimarer Zeit (nur Ansätze) über die Kunstpolitik der Nazis zur Gegenwart mit der »Kunst im öffentlichen Raum« (in Bremen wohl am konsequentesten entwickelt) gut gezeichnet. Allerdings, wer sich die Ausstellung ansieht, sollte sich Zeit nehmen.

Man kann das Gebotene nicht einfach schnell hinunterschlucken, man muß lesen und vergleichen, wenn man sich eine (vielleicht sogar kritische) Position erarbeiten will. Dabei fällt auf, daß im schriftlichen Begleittext der Ausstellung nicht nur der Trivialtatbestand festgehalten wird, daß die Inhalte öffentlicher Kunstwerke dem historischen Wandel unterlägen, sondern auch – in den »Thesen zur Kunst im Stadtbild« – daß Kunst im Stadtbild nicht von dem Anspruch ausgehen könne, für alle schlechthin verständlich und wichtig zu sein. Deshalb müsse sie sich an Zielgruppen orientieren und vor allem auch die bestehenden unterschiedlichen Wahrnehmungsweisen und Interessen berücksichtigen.

Das klingt denn solcherart auch ganz demokratisch: nicht etwa eine aufgezwungene Kunst für alle, sondern – je nach Standort und Beziehung – Kunst für Kinder oder Erwachsene, Kunst für Arbeiter oder für Bürger usw. Das ist verständlich und versöhnlich, es klingt demokratisch und sachgemäß. Aber ist es das auch?

Damit kommen wir zum kritischen Teil unseres Berichts. Und wir setzen am besten da an, wo innerhalb der Ausstellung die Kunstauffassung einer Gruppe an der Universität Bremen dargelegt wird, die dieser eben vorgetragenen nicht nur klar widerspricht, sondern, wie mir scheint, auch in sich selbst widersprüchlich ist. Und beide sind darüber hinaus an einem ungeklärten Kunstbegriff orientiert.

Dem Vorschlag der Universität Bremen wird eine Reihe von Thesen vorangestellt, die die Grundlinien entwerfen, an denen sich jede künftige Kunstpolitik orientieren sollte. Diese Thesen lauten (verkürzt): 1. Kunst muß für alle verständlich sein. 2. Sie muß mehr bewußtseinsbildenden als kompensatorischen Charakter haben, und weiter 3. sie sollte eine kritische Einschätzung der gesamten Realität bewirken und 4. eine Veränderung dieser Realität im Interesse der benachteiligten Gruppen zur Folge haben.

Die Kunst als Nachricht

Es wird gut sein, sich bei der Diskussion der beiden ersten Thesenvorschläge, des begrifflichen Inventars der Informationstheorie, etwa Wieners und Benses zu bedienen. Danach ist auch Kunst eine »Nachricht«, eine Mitteilung, eine Aussage, wenn auch besonderer Art. Eine solche Nachricht kann viel Neues, Informationen als Innovationen bringen, dann wird sie unter Umständen – je nachdem, auf wen sie trifft – viel Überlegungen und Kopfzerbrechen verursachen, vielleicht auch Unverständnis, wie wenn ein Nichtmathematiker die allgemeine Relativitätstheorie in die Hand bekommt oder ein mit moderner Kunst nicht vertrauter Landwirt zum erstenmal ein Porträt des analytischen Kubismus von Picasso vor sich sieht.

Es gibt aber auch Nachrichten, die einen sehr einfachen Inhalt haben, einen so einfachen, daß alle sagen: Das weiß ich doch schon lange, was soll's. In diesem Falle sprechen die Informationstheoretiker von einer redundanten Nachricht, die zu viel leeres Stroh drischt, darum langweilig ist.

Kunst also, die von allen verstanden wird, enthält keine bemerkenswerten »Nachrichten« mehr, man kann sie ruhig wegwerfen, wie einen alten Hut. Sie nutzt niemandem. Sie soll aber nach den Vorschlägen einer Gruppe an der Universität doch zugleich mehr »bewußtseinsbildenden als kompensatorischen« Charakter haben. Sie soll also der Erkenntnis der sozialen Situation des Nachrichtenempfängers auf die Sprünge helfen, sie soll ihn dazu veranlassen, zu bemerken, daß es allerhand Ungerechtigkeit auf der Welt gibt – und daß man das ändern muß. Um das zu erreichen, muß diese Nachricht den Empfänger offensichtlich mit einer Menge von Informationen – wahren oder falschen – ausstatten.

These eins und These zwei stehen also in Widerspruch zueinander, und These eins widerspricht zudem der an anderer Stelle der Ausstellung geäußerten Meinung, daß Kunst im Stadtbild nicht von dem Anspruch ausgehen könne, für alle verständlich zu sein.

Wir werden uns in einem zweiten Aufsatz mit dieser Problematik und anderen Schiefheiten in den Thesen auseinandersetzen und dabei gleichzeitig auf die Ergebnisse des Wettbewerbs für den Sportbereich der Universität eingehen.

Das allgemeine Verständnis als Richtschnur

Im Zusammenhang mit der Ausstellung der Bremer Universität »Kunst im Stadtbild« wurden innerhalb eines Colloquiums jene fünf Entwürfe diskutiert, die aus mehr als 50 Arbeiten 1975 ausgewählt worden waren. Arbeiten, die sich mit künstlerischen Maßnahmen im Sportbereich der Universität befaßten.

Dem Wettbewerb, aus dem die fünf Entwürfe hervorgegangen waren, hatten jene Grundsätze zugrunde gelegen, die die Universität als Stätte (Instanz) kritischer Bewußtseinsbildung gegenüber gesellschaftlichen, politischen und ökonomischen Prozessen funktionsfähig machen sollen. Wie können demgemäß künstlerische Maßnahmen im Universitätsbereich aussehen? Man erwartete eher Vorschläge als fertige Lösungen, zumal man eingestand, daß »die nötigen Erfahrungen über tatsächliche Realisierungsmöglichkeiten mittels bildender Kunst noch fehlen«, wie es in der Wettbewerbsausschreibung hieß.

Immerhin waren auch die beiden Thesen der Universität, die in unserm Beitrag vom 16. Juni einer kritischen Analyse unterzogen wurden, Teil der Wettbewerbsausschreibung. Danach muß Kunst »verständlich« sein, von allen verstanden werden können, wie es in den Thesen hieß; und sie müsse mehr bewußtseinsbildenden als kompensatorischen Charakter haben.

Widersprüchliche Thesen

Der eklatante Widerspruch in diesen beiden Thesen ließe sich jedoch nur dann auflösen, wenn man der ersten These, daß Kunst für alle verständlich sein müsse, den Zusatz anschlösse: soweit man sich mit ihr ersnthaft auseinandergesetzt habe. Denn, wieso eigentlich sollte Kunst von allen sozialen Hervorbringungen als einzige davon ausgeschlossen bleiben, daß nur eine intensive Anstrengung den Zugang zu ihr eröffne? Auch das Handwerk des Zimmermanns muß gelernt sein, bevor man es versteht, auch die Freunde der Musik müssen lernen, bevor sie wirklichen Zugang zu dieser Kunst gewinnen können — und die geläufige Unterscheidung zwischen ernster und Unterhaltungsmusik verweist schon darauf, daß auch hierbei ganz verschiedene Bedürfnisse befriedigt werden können und müssen.

Im Bereich der bildenden Kunst wäre diese Unterscheidung schwerer durchzuführen: Selbst ein von allen »verstandenes« Kunstwerk wird ganz verschiedene Grade des Verständnisses auslösen, aber auch ganz verschiedene Arten des Verstehens. Sagen wir es daher kurz und thesenartig (ohne die hier unmögliche grundlegende Darlegung), daß Kunst immer den Bereich des »Realen« transzendieren muß, gerade dann, wenn sie zu kritischer Bewußtseinsbildung Anlaß geben soll. Wer versteht denn unter denjenigen, die sich nie für Kunst interessierten, auf Anhieb eine plastische Figuration wie die von Zadkine in Rotterdam? Man braucht das erläuternde Wort, um den Zugang zu gewinnen: Worte machen da »sehend« — es fällt manchem wie Schuppen von den Augen.

Eine ideologisch bestimmte Kunstpolitik?

Wir fragen daher, wie im ersten Aufsatz, ob ein Kunstbegriff, der sich auf das »allgemeine Verständnis« zurückzieht und damit die universalen Möglichkeiten der Kunst verkürzt, richtig und in nüchtern verstandenem Sinne »demokratisch« sein kann? Hier liegen doch Mißverständnisse vor, die allzuleicht auch der Ausgang für eine ideologisch bestimmte Kunstpolitik sein könnten, wie sie auch in der UdSSR zur Drosselung aller produktiven Anstrengungen geführt hat.

Eine allgemeinere Wege einschlagende Reflexion kann hier nützlich sein. Es fällt auf, daß in den theoretischen Überlegungen immer von der Kunst und ihrer Relation zu verschiedenen Gruppen der Bevölkerung die Rede ist. Vom Künstler selbst ist darin sozusagen selbstverständlich vorausgesetzt, daß er als einfacher Funktor Erfüllungsgehilfe bei der Befriedigung wirklicher oder vermeintlicher »Bedürfnisse« der Öffentlichkeit zu sein habe. Wie aber steht es mit ihm selbst? Ist er nicht auch Teil dieser Öffentlichkeit, vielleicht sogar in manchen Fällen ein ganz besonders sicher reagierender Sensor?

Wie aber ist für einen solchen Sensor sein Verhältnis zur »Wirklichkeit« zu bestimmen, die doch, wenn sie als Kunst im öffentlichen Raum in Erscheinung treten soll, auf ein Gemeinsames im Künstler und seinem Publikum verweisen müßte?

Schalten wir zunächst das Publikum aus und wenden wir unsere Aufmerksamkeit der Tätigkeit des Künstlers und seiner Wirklichkeit zu. Es kann sich in bestimmten historischen Epochen um ein – scheinbar – durchaus unproblematisches Verhältnis handeln. Das, was der Künstler »sieht«, deckt sich dann mit dem »Augenschein«, dem er und alle anderen »Realität« zubilligen. Wie Dürer den »Holzschuher« sah – so haben ihn alle anderen, den Porträtierten eingeschlossen, auch gesehen. Ist das wahr? Hat nicht umgekehrt Dürer erst das »Bild« des Mannes geschaffen, wie es dann ihm und seinen Zeitgenossen als repräsentative Darstellung erschien? Ist nicht schon die Wahl des Blickpunkts eine Entscheidung des Künstlers, durch die vieles präjudiziert wird? Weiter: Wenn Liebermann in einem Dünenbild Ziegen malt und wenn Picasso seine berühmte Plastik einer Ziege herstellt, so handelt es sich um zwei grundverschiedene Wesen. Beide werden zwar als »Ziegen« von jedermann erkannt und anerkannt. Aber der einfache »Naturalismus« des deutschen Impressionisten unterscheidet sich grundlegend von der das groteske Wesen in ursprünglicher Kraft erfassenden Sehweise des Spaniers. Der »Realismus« des spanischen Meisters unterscheidet sich grundlegend von dem Liebermanns, ebenso wie der eines Carvaggio weit entfernt ist von dem eines Frans Hals oder Rembrandt.

Was ist »Realität« für den Künstler?

Was vollzieht sich im Künstler bei der »Wahrnehmung« einer uns doch allgemein zugänglichen Wirklichkeit? Offenbar wird etwas hergestellt, was so vorher nocht nicht da war, was aber doch bei seinem »In-die-Erscheinung-Treten« als »Bild« dieser Wirklichkeit akzeptiert wird. Diese »Erfindung« oder auch diese »Findung« (Picasso: »Ich suche nicht, ich finde!«) verweist auf etwas, was »noch nicht war«, dann aber im Kunstwerk »wurde« – es verweist auf das Wirken der Einbildungskraft (Phantasie). Das aber bedeutet, daß im Finden des Künstlers zugleich ein Entwerfen liegt, gemäß dem Walten der Einbildungskraft. Die »Wirklichkeit« des Bildes oder der Plastik übersteigt also die vorher bekannte Wirklichkeit – so wie im Wirken der Einbildungskraft der Künstler alle ihm vorher bekannten Bilder hinter sich läßt, »überschreitet«. »Wirklichkeit« ist für den Künstler – wie

Das Finden ist Entwerfen

übrigens für jeden Wahrnehmenden, jeden Betrachter, immer etwas, was den scheinbar richtigen Augenschein überschreitet: alles Wahrnehmen ist in diesem Sinne schon »Sinngebung«. Die Philosophen würden sagen, daß alles »Wirkliche« schon immer erfüllt ist von »Transzendenz«, daß es ohne das Walten der Transzendenz überhaupt keine Wirklichkeit gäbe. Der Philosoph Ernst Tugendhat hat in diesem Sinne gesagt, daß alles »Seiende schon immer von Sinn umgriffen« wäre – nicht etwa von Sinn erfüllt. Denn diese Sinnerfüllung geschieht zuerst in der Herstellung des Kunstwerks und ein zweites Mal bei dessen Rezeption durch die Betrachter. Daß es aber entweder zu einer Diskrepanz oder zu einer Koinzidenz zwischen Künstler und Betrachter kommen kann, verweist (in beiden Möglichkeiten) auf eine »gemeinsame Welt«. Heraklith hat sie allerdings nur den »Wachenden«, d. h. den bewußt ihre Welt Erfahrenden, zugebilligt. Und man muß sehr ernst fragen, ob seine Analyse bisher schon überholt wurde, ob es also ohne das »Erwachen« der Menschlichkeit im Menschen geht, wenn Kunst ihm soll zugänglich werden können.

Kunst muß verständlich sein: Für alle die erwacht sind

Ich stimme also durchaus der These zu, daß in diesem eben entwickelten Sinne Kunst »für alle« verständlich sein müßte. Gewiß für alle, soweit sie erwacht sind. Dazu kann sie Schulung, Bildung und eine Fülle von sozialen Voraussetzungen führen, die durch politische und organisatorische Maßnahmen geschaffen werden können. Was solche Maßnahmen nicht schaffen können, ist die eigene Anstrengung des Betrachters, des an der Kunst Teilnehmenden. Sie kann durch nichts ersetzt werden. Und damit sind wir wieder beim Thema »Kunst und Publikum«. Auch der einfache »Konsument« kommt ohne vorherige »Einübung« in grundlegende Sachverhalte der Kunst nicht aus. Auch in ihm muß das transzendierende Bewußtsein (in jedem Menschen schlummernd) geweckt werden. Und der Erweckte wird schon den Lohn der Anstrengung vor sich sehen. Insofern ist der bei gewissen Ideologen gebräuchlich gewordene Ausdruck »Konsument« einfach irreführend: man kann Kunst nicht »konsumieren«. Ebenso steht es mit dem »Benutzer«: Ein Kunstwerk ist etwas ontologisch anderes als ein Urinoir, obwohl Marcel Duchamp ein derartiges Ding mit seiner Signatur versehen als Kunstwerk auf eine Ausstellung schickte. Der geistreiche Franzose, eher ein guter Schachspieler als ein präziser Denker, hat mit seinen Überlegungen viel Unheil angerichtet. Er hat das selbst eingesehen, aber seine Anhänger haben ihm diese Umkehr nicht mehr geglaubt und eine Theorie aufgebaut, gemäß der Kunst ein Vereinbarungsbegriff ist. Etwas von diesen Vorstellungen scheint auch bei den begrifflichen Bestimmungen der Macher im Kunstbereich der Universität wirksam zu sein. Werner Hofmann, der diese Überlegungen im Anschluß an Duchamp und Poppers Begriff einer »offenen Gesellschaft« bisher am klarsten artikuliert hat, ist der Vorkämpfer einer nicht bis zu den Grundlagen reflektierten Theorie. Und damit kehren wir nach diesem Exkurs zurück zu den Fragen, die sich bei der Gestaltung des Universitäts-Sportbereichs stellen.

Das Kunstverständnis der Universität Bremen

Will man die Suche der Universität nach einem ihrem Programm entsprechenden Kunstverständnis nicht derartig ideologisch negativ beurteilen, so muß man annehmen, daß ihr eine realistische Kunst vorschwebt, in der aktuelle politische und gesellschaftliche Themen von Künstlern in anschaulich »verstehbare« Symbole umgesetzt werden, wie das etwa dem Kommunisten Fernand Léger, einem der großen Meister einer komplexen konstruktiven Kunst (in den Anfängen kubistisch), vorschwebte und teilweise gelang.

An einer Stelle der Ausschreibung wird auch gesagt, daß die Vorstellungen des Auftraggebers (hier: Universität), die individuellen Anschauungen und Fähigkeiten des Künstlers und die Bedürfnisse und Wahrnehmungsweisen der betroffenen Bevölkerung gleicherweise zur Geltung kommen müßten. Ohne Zweifel: ein schönes, ja geradezu ideales Programm! Aber, wer erzwingt denn die Gunst der Stunde, die eine derartige Übereinstimmung dieser drei Faktoren möglich macht? Es ist, als ob die Initiatoren eines derartigen Programms (der eben zitierte Satz steht schon in den Richtlinien, die 1973 von der Bürgerschaft für die Planung öffentlich geförderter Kunst beschlossen wurden) gewisse Situationen wie am Beginn der Renaissance oder während der großen Bauleidenschaft nach dem Dreißigjährigen Krieg im Blick gehabt haben und von jener allerdings grandiosen Einheit träumten, die damals in der Tat oft zwischen Auftraggeber, Künstler und allgemeinem Publikum bestand.

Pluralismus erlaubt keine Dogmatik

Allerdings wissen wir auch, daß es selbst unter so glücklichen Umständen hinreichend Krach und Auseinandersetzungen gegeben hat. Aber, was diese Fälle angeht: Man kann die Geschichte nicht einfach kopieren, man kann sie nicht machen. Allerdings kann man eine Idee formulieren, auch wenn weder Künstler noch Öffentlichkeit sofort zu folgen vermögen. Kunst kann es jedenfalls — auch wenn die Idee der Universität einmal erfüllt würde — nicht als allgemein verstandene geben. Heute nicht mehr, da das pluralistische Weltbild derartig bindende dogmatische Vorstellungen ausschließt.

Wie steht es nun mit dem Verständnis der fünf Künstler, die vom Preisgericht ausgewählt wurden? Der eine, Klaus Warwas, der sich nach seinen eigenen Worten durchaus mit den Vorstellungen der Universität identifizierte, bemängelte, daß seine Idee (den auf einem Podest stehenden Neger-Olympiasieger mit aufgerecktem Arm und geballter Faust) sich nicht in einem Freiraum realisieren ließe — womit er wohl recht hat, womit er aber auch die Ausschreibungsbedingungen verfehlte. Immerhin kann man sich vorstellen, daß ein hinreichend begabter Künstler in einer bestimmten Form das Thema des großen Historienbildes wieder aufnähme und in ihm die Geschichte der Neger und ihrer allmählichen Emanzipation in den USA erzählte. Da bei dieser Emanzipation der Sport gewiß eine mitentscheidende Rolle spielt, wäre eine solche Darstellung im Sportbereich der Universität durchaus am richtigen Platz. Eine sehr schwere Aufgabe.

Zwei andere Teilnehmer versuchen es mit anderen Mitteln: Die guten plastischen Lösungen von Waldemar Otto (Berlin/Bremen) zeigen den heutigen Menschen in seiner Isoliertheit – allerdings bleibt die plastisch-räumliche Lösung der vorgeschlagenen fünf Gruppen beziehungslos. Die Arbeit von Peter Mittler (Mendig) versucht diese Beziehungen in seinen Gruppen mit besserem Erfolg, doch ist die plastische Qualität hier nicht ausreichend.

In unverbindlichere Bereiche steuern die Beiträge der »Arbeitsgruppe Produktionshof Hamburg«. Ihr »Verfremdeter Trimm-Pfad« bietet mit einem gewissen ironischen Gehalt Möglichkeiten sowohl räumlich-plastischer als auch zweidimensionaler Realisierungen. Der Beitrag einer Braunschweiger Gruppe mit dem »Aktivitätszelt« zielt vor allem auf die Anregung zur Kommunikation, ist als plastisches Gebilde (Raumzelt – offen) nicht uninteressant, doch wird in ihm die Forderung des Auftraggebers überhaupt nicht berührt.

Die Strukturierung des Raumes wurde nicht versucht

Ergebnis: Das eigentliche Thema wurde wohl am besten von Warwas verstanden, auch die Beiträge von Otto und Mittler (trotz sehr unterschiedlicher Qualität) gehören hierher. Von keinem der plastischen Entwürfe wurde auch nur im Ansatz eine Mitstrukturierung des Raumes versucht – eine Aufgabe, die auch in der Ausschreibung kaum erkannt wurde. Man wird also weiter suchen und diskutieren müssen. Allerdings müßte man wohl einen weiteren Wettbewerb ausschreiben, in dem eine bestimmtere Thematisierung gefordert würde. Aber wer unter den gegenwärtig in der Bundesrepublik renommierten Künstlern könnte derartiges versuchen?

Vom Geist des Bremer Bürgertums geprägt

Das Olbers-Denkmal gegenüber dem Polizeihaus

Gelegentlich der Besprechung der mit Unterstützung der Universität Bremen und des Senators für Wissenschaft und Kunst entstandenen Ausstellung »Kunst im Stadtbild« ist mehrfach von »Kunst am Bau« und »Kunst im öffentlichen Raum« die Rede gewesen, die zusammen den Begriff »Kunst im Stadtbild« abdecken. Dabei ist auch auf den Katalog zur Ausstellung in der Universität verwiesen worden, der auch eine erste, zwar nicht vollständige, doch die wesentlichen Beiträge enthaltende Zusammenstellung über die im Stadtraum Bremens sich öffentlich präsentierenden Kunstwerke bringt.

Viele Spaziergänger, etwa in den Wallanlagen, werden vielleicht achtlos an solchen Kunstwerken vorbeigehen, und auch diejenigen Objekte, die, wie der Rosselenker von Tuaillon, auf dem Wege von der Rembertistraße zur Bischofsnadel fast jedem Bremer schon begegnet sind, werden in ihrer Bedeutung oder in ihrer Stellung im historischen Rahmen vielen nicht bekannt sein.

Aufmerksamkeit dafür zu wecken, ist der Zweck einer zwölf Folgen umfassenden wöchentlich erscheinenden Serie. Sie beginnt – nicht dogmatisch – chronologisch mit historischen Werken um die Mitte des 19. Jahrhunderts, um sich am Ende weniger bekannt gewordenen Versuchen zuzuwenden, die die These oder die Forderung nach Beteiligung der „Benutzer" von Kunstwerken an ihrer Erstellung sinnfällig in die Tat umzusetzen versuchen. Wir beginnen die Serie heute mit dem Olbers-Denkmal in den Wallanlagen gegenüber dem Polizeihaus.

*

Eigentlich wundert man sich etwas, daß der Mann auf dem Denkmalssockel sich dem Polizeihaus zuwendet, statt seinen Blick auf die Kunsthalle zu richten. Und man fragt sich, ob das Absicht oder Zufall war, als man dieses Denkmal für Olbers in den Wallanlagen aufstellte. Dazu müßte man fragen, was damals denn an der Stelle des heutigen Polizeihauses stand. Blättert man in Rudolf Steins Publikation »Das Bürgerhaus in Bremen«, so erhält man präzise Auskunft: »Seit 1824 verzeichnete das Adreßbuch für Am Wall 200: Konditorei, Kaffeehaus, Lotterie-Collecte, Comtoir der Weinhandlung Mester & Wiechmann.« Der offenbar recht vielseitige Geschäftsmann Hans Heinrich Mester hatte mit dem Neubau seines zweigeschossigen Hauses J. E. Polzin beauftragt. Dieser setzte auch hier die drei mittleren der fünf Fensterachsen des Hauses etwas zurück, die er außerdem mit Festons, ägyptisierenden Köpfen und einem Relieffries unter dem Hauptgesims schmückte. Dazu waren unter den seitlichen Fenstern des Hauptgeschosses Sphinxe eingefügt. Das Haus hat 1905 dem Neubau des Polizeihauses weichen müssen.

Das historische Milieu

Das Buch Steins ist auch sonst recht sachhaltig hinsichtlich der Bauten Am Wall: 1825 wurde nicht weit vom jetzigen Polizeihaus entfernt – Am Wall 196 – das Wohn- und Dienstgebäude des Bremer Stadtkommandanten errichtet, dem sich 1829 das von J. E. Polzin errichtete Haus Am Wall 197 anschloß. Das also war die Situation etwa zwanzig Jahre, bevor gegenüber diesen schönen klassizistischen Häusern das Denkmal von Olbers aufgestellt wurde. Er wandte seinen Blick einem durch und durch bürgerlichen Panorama zu, in dem neben der amtlichen Gewalt doch auch das urbane Leben der bürgerlichen Schichten in Kaffeehaus und Konditorei seinen Platz fand.

Dieser Platz war auch der angemessene Daueraufenthalt für das Denkmal eines Bremer Bürgers, dessen Name bis heute unvergessen ist: In jedem Jahr veranstaltet die Wittheit zu Bremen ihre Olbers-Sitzung, in der mit einem Fachvortrag der Arbeit des Arztes und berühmten Astronomen Wilhelm Olbers gedacht wird, der 1758 in Ar-

Das Olbers-Denkmal

bergen geboren wurde und 1840 in Bremen starb. Er berechnete nicht nur viele Kometenbahnen, sondern war auch der Entdecker von sechs Kometen und zwei Planetoiden – Pallas und Vesta.

Vorrevolutionärer Biedermeier

Diese Fakten muß man parat haben, um das Olbers-Denkmal in seinem historischen und stilistischen Zusammenhang zu sehen. Es wurde, wie auf dem Sockel verzeichnet, 1848, im Revolutionsjahr, aufgestellt (nicht, wie der Katalog »Kunst im Stadtbild« angibt, 1850). Es war die Zeit eines vorkapitalistischen und sicher auch noch vorrevolutionären Bürgertums, das sich in biedermeierlicher Ruhe und Gemächlichkeit bewegte und wohl noch die rechtlich-politischen Prinzipien der ersten Aufklärung in sich als geistige Richtschnur bewahrte. Diesem Bürgertum war die Vorstellung einer geschichtlichen Einheit Europas, die sich auf der Antike und dem Christentum als tragenden Fundamenten aufbaute, durchaus geläufig.

Besitz und Bildung – diese bis weit ins 19. Jahrhundert tragenden Säulen bürgerlichen Bewußtseins waren auf einer noch bescheidenen Stufe die Grundlage des geistigen Horizonts dieser sozial bestimmenden Schichten. Das Denkmal für Olbers ist also auch Ausdruck dieses besonderen bürgerlichen Selbstbewußtseins, das sich in dem großen Sohn der Stadt repräsentiert fand. Demgemäß trägt Olbers über seinem bürgerlichen Hemd ein antikes Gewand – und hält in der rechten Hand das Fernrohr, Ausdruck seines zweiten Berufs und wohl auch der Achtung, die ihm dieser einbrachte und des großen Kredits, den Wissenschaft und Studium damals genossen. Der Blick des Gelehrten ist in die Ferne und nach oben zu den Sternen gerichtet. Aber wichtig ist nicht allein die Figur des Gefeierten, wichtig ist auch der Sockel, der nicht nur tragendes Postament ist, sondern in einer Folge von vier Reliefs auch eine weiterführende Deutung des Zusammenhangs, in dem die Denkmalsfigur steht. Das einfachste der Reliefs, in der Art griechischer Grabstelen, zeigt den Gefeierten als Arzt, den Puls eines noch jugendlichen Patienten fühlend. Auch hier wieder die antike Geste im Faltenwurf der Arztbekleidung und in der Haltung und Physiognomie des Kranken.

Olbers – Arzt und Astronom

Das Relief auf der anderen Seite zeigt Olbers als den Astronomen, dessen Beobachtungsrohr nun nicht von einem antiken Genius, sondern von einem christlichen Engel in die glück- und entdeckungsverheißende Richtung gelenkt wird. Bei aller Anerkennung seines Genies bedurfte der Forscher doch offenbar der göttlichen Lenkung, einer Gnade, die für einen Christen zu Talent und Erfahrung noch immer hinzukommen muß, damit das menschliche Werk gelinge. Hier wird nicht von antiker Fortuna gesprochen, sondern von dem Reich, das in anderer Weise dem Reich der Notwendigkeit entgegengesetzt ist: dem Reich der Gnade.

In zwei kleineren Reliefs, nun wieder antike Metaphern verwendend, wird ein Genius mit der Flamme (der Erkenntnis) dargestellt und die Pallas Athene, Lieblingstochter des Zeus, mit dem Speer, die Göttin der Weisheit und der Künste. Derart gibt der Sockel in sehr bezeichnender Weise Auskunft über die geistigen Hintergründe und über den gesellschaftlichen Zusammenhang, in dem das Denkmal steht. Mit ihm schuf das Bremer Bürgertum nicht nur einen Gedenkplatz für einen seiner bedeutenden Söhne, sondern auch eine Apotheose seines eigenen Weltbildes.

Das Denkmal selbst ist ein klassizistisch-aufklärerisches Dokument einer distanzierten intellektuellen Haltung, kühl, fast unromantisch trotz seiner Zugehörigkeit zur nachhegelschen Periode. Es geschieht nichts, alles bleibt gelassen, ohne Euphorie, sachlich-nüchtern, auch in der relistischen plastischen Durchformung die wissenschaftlich orientierte geistige Haltung herausarbeitend. Dabei ist das gewiß einzig Unrealistische am Ganzen das antike Gewand — ein symbolisches Zeichen für das Geschichtsverständnis der Epoche, die sich im Jahrhundert des deutschen Idealismus durchaus als Fortsetzung des Seinsverständnisses der Griechen empfand. Mindestens das Relief mit der Darstellung des Arztes Olbers erreicht eine besondere Qualität als Flachrelief, in dem alle plastische Formung zurückgenommen wird auf ein Maß, wie es später im Laufe des 19. Jahrhunderts von dem Münchener Adolf von Hildebrand wieder entdeckt und zur Grundlage einer neuen plastischen Lehre gemacht werden sollte. C. Steinhäuser — auf dem Sockel als Künstler genannt, der die Arbeit in Rom herstellte — hat den Bremern, vom Roland abgesehen, eines ihrer ältesten Monumente geschenkt.

Auch das Pferd schreitet hier mit gemessener Würde

Louis Tuaillons »Rosselenker« am Theaterberg

Mit einem der frühesten bremischen Denkmäler in den Wallanlagen, der Statue des Bremer Arztes und Astronomen Olbers, hatten wir unsere Überlegungen zur Kunst im öffentlichen Raum Bremens begonnen. Dazu sei noch angemerkt, daß es sich bei dieser Statue durchaus in einem heute wieder angestrebten Sinne um eine politisch-gesellschaftlich bedeutsame Plastik handelt, die für den, der sie zu lesen vermag, eine ganze Gruppe von Inhalten vermittelt.

Wenn wir nun weiter in den Wallanlagen bleiben, so einfach deshalb, weil wir so Gelegenheit haben, die Wandlungen dessen, was man mit einem generellen Namen als »Klassizismus« bezeichnen kann, über

Der »Rosselenker« von Louis Touaillon

Adolf von Hildebrandt und seine Schule

ein ganzes Jahrhundert hinweg zu verfolgen in der Lage sind. Der eigentliche Klassizismus, dem auch der »Olbers« angehört, ist um etwa 1850 beendet, die Olbersstatue gehört bereits seinem Endstadium an. In regionalen Bereichen gibt es jedoch immer Nachwirkungen, man darf Jahresdaten da nicht wörtlich nehmen.

Mit dem Rosselenker des Louis Tuaillon, 1901 entstanden, sind wir indes ganz aus dem ursprünglichen Klassizismus (sei es nun der spätbarocke oder der romantische) heraus: Nach den realistischen und naturalistischen Strömungen von der Mitte des 19. Jahrhunderts ab stoßen wir bereits wieder auf eine Gegenbewegung, die aufs engste mit den Namen des Bildhauers Adolf von Hildebrandt und des Malers Hans von Marés verknüpft ist, einem Klassizismus, der strenger als der erste auf die grundsätzlichen Positionen der griechischen Antike zurückgreifen wollte. Und das nicht historisierend, indem ein antiker Formenkanon wörtlich übernommen wurde, sondern in der strengen grundsätzlichen Haltung, von der der Künstler und Theoretiker Adolf von Hildebrandt seinen Ausgangspunkt nahm.

Er — Hildebrandt, der über zwanzig Jahre lang in der Nähe von Florenz gelebt hatte und die Kunst der Frührenaissance in sich aufnahm, lernte vor den Plastiken, den Figuren und den Reliefs dieser grandiosen Epoche wieder erkennen, was an gesetzmäßigen Bindungen in der Plastik und im Relief zu beachten war. In seinem strengen, plastisch sich von allen Zufälligkeiten lösenden Realismus der menschlichen Figur, entdeckte er Ordnungen, die den Menschen in der Würde seiner Vernunft zum eigentlichen Inhalt der plastischen Arbeiten machten. Seine theoretischen Schriften, die ihn in einer Linie mit den Absichten seines Freundes Hans von Marés und des Kunsttheoretikers Konrad Fiedler zeigten, hatten auch eine bemerkenswerte Wirkung auf einen so bedeutenden Kunsthistoriker wie Heinrich Wölfflin, den Schöpfer der »Kunstgeschichtlichen Grundbegriffe«.

Um Grundlagen, um Grundbegriffe, um die Wiedergewinnung eines übersubjektiven Formenkanons ging es. Und um das, was in solchem Kanon mitgesagt wurde: um die Absage an den Zufall, um Ordnung und Maß, um humanitas — menschliche Würde.

Von der Münchner zur Berliner Schule

Unter solchen Einflüssen, solchen Zeichen trat auch Louis Tuaillon an, 1862 in Berlin geborener Hugenottensproß, der 1919 starb. Sein »Rosselenker«, der neben dem »Bismarck« Hildebrandts am Dom und der »Liegenden« von Gerhard Marcks auf dem Theaterberg in Bremen Zeugnisse dieser spätklassizistischen — stark in der »Berliner Schule« verankerten — Bewegung ist, steht auf künstlerisch höherem Niveau als der »Olbers«.

Sehen wir uns diese schöne Bronzeplastik etwas genauer an. Die Figurengruppe — Pferd und Führer — könnte einem realistischen Vorgang entsprungen sein. Der Führer könnte etwa das Pferd zum Hufschmied führen oder er könnte es ausgespannt haben und in den Stall zurückbringen. Bei genauerer Betrachtung indes merkt man sehr schnell, daß die einfache Darstellung derartiger Vorgänge nicht das wirkliche Thema dieser plastischen Erfindung sein kann. Es fällt auf, daß das Tier mit der gleichen Würde und Gemessenheit voranzuschreiten scheint, wie sein Führer: ebenso besonnen und wägend, ebenso in leichter Anspannung und Verhaltenheit wie der Lenker. Auch Schwanz und Haare des Tieres sind ebenso diszipliniert geformt wie das knappe, die runde Kopfform heraushebende Haar des Rosselenkers. Alles ist Klassizität, ist ausgewogene Rationalität, ist Würde. Nichts von Übereilung, von dynamischer Kraftentfaltung, wie sie anderen, barocken oder naturalistischen Plastiken zu eigen sind.

Obwohl man meinen sollte, daß solch Klassizismus aller »politischen« Bedeutung bar sei, ist das in präziserem Sinne nicht der Fall: Die bürgerliche Polis, die Disziplin bürgerlicher Lebenshaltung, die auch immer, im Sinne Max Webers, mit einer gewissen Askese verbunden ist, findet in dieser Figurengruppe eindrucksvollen und künstlerisch überzeugenden Ausdruck. Ja – es ist die bürgerliche Lebenshaltung auf dem Höhepunkt ihres Erfolges. Sorgfältig realistisch durchgebildet, ohne naturalistische Befangenheit in den Details, findet Tuaillon zu einer ausgewogenen, spannungsreichen Figuration, Symbol von Ordnung, Vernunft und Gleichgewicht in einem Stadtstaat, der es den weltgeschichtlich bedeutenden Stadtstaaten der Renaissance vielleicht gleichtun zu können meinte.

Von den Kaufmannsgeschlechtern Venedigs sagte ein Schriftsteller: »Kaufmansgeschlechter sah die Welt öfter und sieht sie noch heute – ihr aber tragt im Gemüt die unsterbliche Großheit, welche das Leben verklärt durch die Gebilde der Kunst.« Wir lassen hier zunächst offen, was das »Verklären« bedeutet – ob nur ein Alibi oder mehr –, stellen aber fest, daß mit diesem Denkmal durchaus auch Bremen in den Satz eingesetzt werden könnte.

Die »Liegende« von Gerhard Marcks auf dem Theaterberg

Der Rosselenker von Louis Tuaillon steht am Fuß des Theaterberges, die »Liegende«, eine Bronze auf Betonsockel, steht auf dem Theaterberg an versteckter Stelle, so daß viele Bremer sie bisher wohl kaum gesehen haben dürften. Und doch ist sie eines der stärksten und durch seine plastische Energie beeindruckenden Alterswerke des Meisters aus der Berliner Schule, dem die Stadt Bremen ein eigenes kleines Museum, das Gerhard-Marcks-Haus, zur Verfügung gestellt hat. Das Werk stammt aus dem Jahre 1967, geschaffen von dem schon achtundsieb-

Gerhard Marcks »Die Liegende«

zigjährigen Meister, aber erfüllt von Kraft und Grazie, die zu einer Reife gediehen sind, in der jeder Anflug von lyrischer Sentimentalität, die gelegentlich als Gefahr bei Gerhard Marcks lauert, fehlt.

Vom Expressionismus zum Realismus

Marcks ist eine Zeitlang den Weg eines gedämpften Expressionismus gegangen, der ihn auch in die Nachbarschaft gewisser gotisierender Elemente führte. Aber seine ihm innewohnende Verhaltenheit, seine wohl immer von einem antikischen Gefühl bestimmte Zurücknahme des allzu Menschlichen im Ausdruck, hat ihn doch im Ganzen immer in die Nähe jenes Klassizismus gestellt, der so viele Meister der Berliner Schule bestimmte und auch Richard Scheibe, den engeren Lehrer von Marcks, auszeichnete. Eine schöne Ausstellung im Gerhard-Marcks-Haus vor einigen Jahren hat auf diese Zusammenhänge eindringlich hingewiesen.

Eigentlich hätte an Tuaillon viel eher die kritische Darstellung des Bismarck-Denkmals von Adolf von Hildebrand anschließen müssen, schon aus chronologischen und auch aus stilgeschichtlichen Gründen, doch ließen wir uns weniger von solchen historischen Gesichtspunkten leiten, als von denen des Spaziergängers, der in den Figurationen von Steinhäuser – dem Schöpfer des Olbers-Denkmals –, von Tuaillon und Marcks auf engstem Raum der Wallanlagen zugleich über ein Jahrhundert klassizistischer Plastik in ihren Gemeinsamkeiten und Unterschieden zu erleben vermag.

Das Thema der Liegenden ist vielfältig variiert worden: im Katalog „Kunst im Stadtbild“ finden sich gleich fünf Beispiele aus den Jahren von 1940 bis 1968 in Hamburg, Hannover, München und Bremen. Die am stärksten statische, dennoch durch ihre mythisch-archaische Gestik sich am weitesten von jedem Realismus entfernende ist die 1959 in München von Henry Moore errichtete. Die alle Statik negierenden, und in eben dieser Negation den Realismus in anderer Weise aufhebenden sind die 1961 in Hannover von Aristide Maillol und die 1976 von Gerhard Marcks in Bremen aufgestellten Bronzen – beide etwas über Lebensgröße. Dabei entfernt sich der Klassiker Maillol erstaunlicherweise am meisten von jeder naturalistischen Statik, indem er seine Figur gleichsam auf einer Hüfte aufruhend »schweben« läßt.

So weit in der Antistatik geht Marcks allerdings nicht, doch liegt seine Figur, auf dem linken Oberschenkel und der Armbeuge aufruhend, noch immer unbequem genug, um vorauszusagen, daß diese Pose in der Realität keine lange Dauer hätte. Auch schafft Marcks durch den sich über das Haupt zurückbeugenden linken Arm und den großen Zwischenraum zwischen Oberkörper und Sockelplatte ein so labiles Gleichgewicht, daß es sich dem Schweben der Maillolschen Liegenden stark nähert.

Diese Liegende der Eliteklassen, so angestrengt nachdenkend und sinnend wie liegend, hat es also keineswegs leichter als die Maillolsche Figur, eher schwerer. Das Schweben der Liegenden des französischen Meisters dauert wohl nur den Bruchteil einer Sekunde, eine Fermate

Ruhe
in höchster Anspannung

im Ablauf des musikalischen Geschehens. Die deutsche Figur aber liegt schwerer, bleibender, das Nachdenken verhindert eine kurzfristige Ruhe und Entspannung. Im Gegenteil: diese Frau ist in höchster Anspannung, bis in die Fingerspitzen hinein. Der ruhige, aber von Nachdenken geprägte Ausdruck geht über die Augenbrauen, über die ausgeprägte Nasenlinie hin zu den leichtgeschürzten Lippen und dem präzis ausgearbeiteten Kinn.

Die Gratigkeit der plastischen Gestaltung ist in dieser Bronze zwar weniger ausgeprägt als sonst bei dem Bildhauer, aber alles Irrational-Geschlechtliche ist überspielt von einem Geistigen, einer bürgerlichen Distanz, aus der das lüstern Populäre, das sich bei derartigen Darstellungen oft mit dem Barock verband, alles Emotionale also, zurückgezogen wurde. Noch die leicht gespreizten Finger der rechten Hand scheinen den Gedanken zu umklammern, der sich gerade in der Frau regt, und in dem konzentrierten Ausdruck des Gesichts offenbar wird. Das unterstreicht den idealistischen Antinaturalismus dieser Figur, die in hinreißender Weise diesen Ausgleich zwischen Ratio und Gefühl statuiert, der so kennzeichnend für eine kurze Periode des deutschen Geisteslebens zwischen Goethe und Hegel war – und im Klassizismus der Berliner Schule eine späte Wiederauferstehung erlebte.

Wir werden später sehen, daß dies nicht die einzige Linie war, die der Bildhauer Gerhardt Marcks verfolgte, aber vielleicht doch die künstlerisch ergiebigste und in ihrer Bedeutung am ehesten überdauernde.

Zwei Bremer Häuser mit plastischem Schmuck

Vom Dobben 103 zur Mathildenstraße 94

Wir haben gelegentlich der Diskussion des Olbers-Denkmals in den Wallanlagen von gewissen historischen Verzögerungen und Nachklängen gesprochen, die, wenn eine Stilphase schon überwunden scheint, in regionalem Rahmen noch immer ihr Weiterwirken sichern. Der eigentliche Klassizismus ist um die Mitte des 19. Jahrhunderts zu Ende gegangen. Dennoch können wir an einer ganzen Reihe gut durchgebildeter Bremer Wohnhäuser seine Nachwirkung beobachten, wenn auch etwas abgewandelt in Richtung einer weicheren romantischen Haltung.

Darüber hinaus hat die Charakterisierung eines Werks als »klassizistisch« einen umfassenderen Sinn erhalten, insofern Distanz, Zurückhaltung in der persönlichen Ausdrucksweise und Rationalität als historisch weiterwirkende Momente auch dann wirksam sein können, wenn die gemeinte Stilperiode im engeren Sinne bereits abgeklungen ist. In diesem weiteren Sinne werden wir diesen Begriff noch häufiger verwenden und hatten ihn schon in bezug auf Tuaillon und Marcks so benutzt.

Wir wollen diese Tendenzen an Bremer Häusern beobachten, die darüber hinaus auch einen Beitrag zum Thema »Kunst am Bau« liefern. Sie finden sich nicht in der Altstadt, sondern in der alten Vorstadt, im Umkreis etwa von Am Dobben, Kohlhökerstraße, Mathildenstraße, Bleicherstraße. Schon seit der Entfestigung hatten einzelne Bürger begonnen, sich in diesem Bereich anzusiedeln – also seit 1802. In größerem Umfang vollzog sich eine Bewegung dieser Art aber erst seit dem Gesetz vom 23. April 1849, mit dem die Vorstädter den Altstädtern gleichgestellt wurden.

Eine dreidimensionale Fassade

Rudolf Stein bemerkt hierzu: »Nicht Raummangel innerhalb der Umwallung oder etwa eine plötzliche Steigerung der Bevölkerungszahl war die Ursache, aus der engen Stadt zu drängen, sondern der angewachsene Wohlstand und das Streben nach einer gehobenen Wohnkultur.« Das zeigt sich deutlich an dem Wohnhaus Am Dobben 103, von Ernst Ludwig Klingenberg 1866 gebaut. In diesem bemerkenswerten Haus wird der Versuch gemacht, eine Fassade dreidimensional zu gestalten – eine über den strengen Klassizismus in romantische Richtung hinneigende Tendenz.

Aber die Beziehung zur Klassik bleibt doch deutlich erhalten, hier vor allem durch die Übernahme eines Motivs, wie es in der jonischen Architektur der Korenhalle des Erechtheions in Athen bekannt war. Dieser berühmte Bau auf der Akropolis in Athen (420–408 v. Chr.) zeigte vier tragende Frauengestalten (Karyatiden), die die Funktion von Säulen übernahmen. Dieser an den Tempel des Erechtheus angegliederte Vorbau war der Ausgangspunkt für die Gestaltung der großen Loggia am Hause Am Dobben 103.

Allerdings ist die Loggia nicht drei-, sondern nur zweiachsig, so daß sich nur drei Karyatiden-Figuren ergeben. Und die untere Loggia ist zudem nicht mit jonischen, sondern mit korinthischen Säulen versehen. So wahrt sich der Architekt eine relative Freiheit, zitiert nur ungenau, gibt aber dem Bau, sonst einfach gegliedert, mit den raumbildenden Loggien seinen besonderen Charakter.

Das Grüne Land lockte

Architektonisch strenger gegliedert ist der Bau in der Mathildenstraße 94 von Lüder Rutenberg. Auch dieser Bau gehört in die Baubewegung, die mit dem Gesetz von 1849 einsetzte und langsam zu jenen schönen Straßenfolgen führte, die das traditionsreiche »Bremer Haus« entwickelten. Ehemals hatten die Kaufleute Kontor und Wohnung, Schlafzimmer, Gesellschaftsräume und Küche unter einem Dach vereinigt, wobei auch die Unterkünfte für das Personal aus Kontor und Haus in den Kojen der Dachgeschosse eingebaut wurden. Erst seit mit dem Rousseauschen Ruf »Retournons à la nature« (»Zurück zur Natur!«) der Drang ins Grüne eingesetzt hatte, gaben die Kaufleute diese Union auf und siedelten in die Vorstadt über – Ausgangspunkt für die Entstehung des Bremer Hauses, das im Grunde genommen das Einfamilienhaus des wohlsituierten Kaufmanns war.

Das einzelne Haus richtete sich in Größe und Ausstattung natürlich nach der Vermögenslage des einzelnen Bauherrn – und bedeutenderen plastischen Schmuck konnte sich natürlich nicht jeder leisten. Eines der wenigen Beispiele dieser Art ist das architektonisch hervorragend gegliederte, mit vier Nischenfiguren ausgestattete Haus in der Mathildenstraße 94. Das Haus wurde 1871 von Lüder Rutenberg erbaut, der mit dem Namen »Mathildenstraße« auch seiner Frau ein Denkmal setzte.

Traditionen wirken lange

Dieser grundsolide und erfolgreiche bremische Maurermeister und Architekt errichtete mit diesem Haus ein gutes Beispiel architektonischer Gliederung und geschickter Einordnung plastischer Figuration in den Baukörper: Hier ist Kunst am Bau nichts Angeflicktes, äußerlich Dekoratives, sondern Moment der architektonischen Gestalt selbst. Die Spannung zwischen dem horizontal orientierten Untergeschoß macht das charakteristische Proportionsverhältnis aus. Im Untergeschoß erhalten die Öffnungen, genau wie die Nischen, nur zarte, begleitende Pilastervorlagen, während die schmaleren, die Vertikale betonenden Öffnungen des Obergeschosses eine deutliche Umrahmung, vor allem aber eine plastisch kräftig mitwirkende Giebelbekrönung jeder einzelnen Öffnung erhalten.

Man spürt an dem späteren Bau, wie lange in Bremen Traditionen nachwirken – ein schönes Beispiel des romantischen Klassizismus noch zu einer Zeit, da anderswo längst ein barocker Naturalismus die Szene zu beherrschen begann. Es kommt hinzu, daß der jetzige Besitzer die einzelnen architektonischen Elemente durch eine einfühlsame farbige Neugestaltung herausarbeiten ließ – ein gutes Beispiel für die richtige Betonung, in einem Augenblick, da an vielen Stellen die Farbe ohne jedes Verständnis für ihre architektonische Komponente, nur aus freilich verständlicher Freude an kräftigen Tönen, gesetzt wird. Trotz dieser überzeugenden Einfachheit findet man noch vier Farbtöne: zwei gestufte sandfarbige Brauntöne, ein gedecktes, richtig gesetztes Weiß und das Dunkelbraun der Fensterrahmen.

Eigentlich wäre es in der Gesamtkomposition wohl noch besser gewesen, auch die Eingangstür in demselben Braun zu halten, doch hätte man dann das feine Relief der schönen Tür und die Holzstruktur zerstört. Es ergibt sich dennoch ein erträglicher Kompromiß, so daß man das Ganze als eine vorbildliche Leistung der Erhaltung eines historischen und in seiner Gesamtgestaltung noch heute überzeugenden Bauwerks bezeichnen kann.

Daß mit den vier weiblichen Figuren, die jeweils bestimmte Begriffe in künstlerische Metaphern umsetzen, eine klassizistische Bildungstradition aufgenommen wird, verstärkt den Denkmalcharakter dieses

Am Dobben 103

Mathildenstraße 94

Hauses. Diese vier Damen stammen aus einer Trierer Werkstatt, bei der sie nach Katalog bestellt wurden. Das ist authentisch (der Rezensent verdankt diese Angabe Dr. Bronner vom Amt für Denkmalspflege). Sie bedeuten vermutlich von rechts nach links gesehen die Säulen des materiellen Wohlstandes, und zwar Kolonialhandel einschließlich Schiffahrt, Industrie, Wissenschaft und endlich Landwirtschaft. Diese Auslegung ist allerdings nur zu vermuten, keineswegs streng beweisbar.

Die Person ist unserem Blick enthoben

Vom »Rosselenker« des Bildhauers Tuaillon und der »Liegenden« von Gerhardt Marcks ist es kein weiter Weg bis zum Bismarck-Denkmal am Dom. Und es ist auch geistig und stilgeschichtlich nicht weit, nimmt man die Daten nicht als allzu enge Merkmale. Alle diese meisterlichen Arbeiten in Bronze wurzeln in einer Daseins- und Erkenntnishaltung, der man den Bezug zur Antike noch ansieht, wenngleich die Differenz dieser Arbeiten zu der im engeren Sinne klassizistisch zu nennenden des Olbers-Denkmals von Steinhäuser offensichtlich ist. Der Olbers steht als plastische Erscheinung längst nicht mehr mit der Deutlichkeit da, mit der sich die späteren Bildungen geben. Er leitet sich eindeutig von jenem etwas bläßlichen Klassizismus des großen Winkelmann her, der in allem von der Idee von Einfalt und stiller Größe geprägt war.

Der Plan reifte langsam

Davon kann weder bei Tuaillon noch bei Marcks, noch bei Adolf von Hildebrand die Rede sein, deren ganz anders gearteter Klassizismus auf eine ursprünglichere Beziehung zu der inneren Kohärenz der Formen und einer inzwischen erneuerten Auffassung der Antike zurückgeht, in der die naturnahen und dämonischen Züge nicht fehlen. Hinter all dem steht auch Nietzsche und in engerem Sinne die von Konrad Fiedler in die deutsche Kunstgeschichte eingeführte formalanalytische Methode, aus der die Forderung nach der Autonomie jedes einzelnen Kunstwerks hervorging. In dieser großen Tradition, die von Hans von Marées über Fiedler zu Heinrich Wölfflin und noch bis zu Dietrich von Hildebrand, dem Phänomenologen und Sohne des Bildhauers reicht, ist die Lebensarbeit eines der bedeutendsten deutschen Bildhauer in der zweiten Hälfte des 19. Jahrhunderts angesiedelt. Von ihm stammt das Bronzestandbild des »Bismarck« am Dom.

Das Bismarck-Denkmal

Die Aufstellung dieses Denkmals hat eine längere Vorgeschichte, die im Bremer Staatsarchiv in umfangreichen Akten niedergelegt ist. Sie kann hier nicht vollständig erzählt werden, doch sind einige der auf dem Wege von der Gründung eines Komitees für ein Bismarck-Denkmal im Jahre 1898 bis zu dessen endlicher Aufstellung im Jahre 1910 sich abzeichnenden Ereignisse von Bedeutung auch für die ästhetische und aktuelle Wertung dieses an wichtiger Stelle der Stadt stehenden Monuments.

Ein Auszug aus dem Senatsprotokoll vom 27. September 1898 stellt fest, daß – so der Vortrag von Senator Stadtländer – »Herr F. Schütte den Plan betreibe, durch Abbruch des jetzigen und Neubau eines geringeren Raum einnehmenden Stadthauses einen Platz zu gewinnen, der nach seiner Ansicht und der mehrerer anderer Mitglieder zur Errichtung eines Bismarck-Denkmals zusammengetretenen Komités für die Aufstellung dieses Denkmals besonders geeignet sein werde«. Das ist der Anfang.

Wir übergehen die Zwischenstadien und setzen einige Jahre später mit dem Auszug aus dem Kirchenkonventsprotokoll der St.-Petri-Dom-Kirche vom 19. April 1904 fort: »Das Denkmalkomitee hat um Überlassung des aus der ausgelegten Skizze ersichtlichen Platzes am nördlichen Domturm gebeten. Eine Skizze des Denkmals ist ebenfalls ausgestellt. Es wird einstimmig beschlossen, den betreffenden Platz dem Denkmalkomitee zur Verfügung zu stellen.«

Am 4. Mai 1904 bieten dann namens des Bismarck-Denkmals-Komitees die Herren Pauli und F. E. Schütte dem Senat das Bismarck-Denkmal als Geschenk einer »großen Zahl von Einwohnern des Bremischen Staates« an. Und zugleich wird in dem Schreiben an den Senat gesagt: »Einer der hervorragendsten Bildhauer Deutschlands, Professor Adolf Hildebrand in München, hat den ausersehenen Platz für den seines Erachtens besten und in besonderem Maße geeignet bezeichnet, auch dem Komitee zur Veranschaulichung seiner Auffassung von der Gestaltung des Werkes die beifolgende Zeichnung übersandt.« Und man war der sicheren Überzeugung, daß »mit diesem Standbilde unsere Stadt durch ein Kunstwerk ersten Ranges wird bereichert werden und daß dem großen Kanzler dadurch ein seiner würdiges Denkmal errichtet wird«. Damit bittet das Komitee dann »um geneigte Annahme seines Anerbietens«.

Vom Rang des Werkes überzeugt

Der Senat nimmt das Angebot in seiner Sitzung vom 6. Mai 1904 an, und die Bürgerschaft beschließt in ihrer Sitzung am 29. Juni 1904: »Indem die Bürgerschaft auch ihrerseits das Anerbieten des Bismarck-Komitees annimmt, spricht sie dem Komitee und allen Beitragsspendern den wärmsten Dank aus.« Jetzt scheint es Schlag auf Schlag zu gehen. Denn schon am 30. Juni 1904 teilt Pauli diesen Beschluß der Bürgerschaft dem Bildhauer mit und überreicht ihm zugleich ein Exemplar »der von den Bremer Nachrichten verteilten Nachbildung seiner Denkmalsskizze«. Hildebrand antwortet höchst erfreut bereits am 3. Juli.

Der zu kurze Hals wurde bemängelt

Dann werden die Akten wieder interessant mit der Bekundung über eine Versammlung des Komitees in der Kunsthalle am 1. Mai 1908. Die Versammlung soll sich über die Annahme des Modells für das Denkmal äußern. Interessanter Passus: ... »dabei wurde aus der Versammlung heraus hervorgehoben, daß der Gegenstand, den die Figur in der Hand halte, nicht an den Feldmarschallstab erinnern dürfe, den Bismarck nicht zu führen berechtigt gewesen sei«. Und man war damals, wiewohl von der Autorität des Künstlers überzeugt, doch keineswegs leichtgläubig oder unkritisch: »Ferner wurde der Wunsch laut, daß der Künstler erwägen möge, ob der Kopf des Modells nicht zu dicht auf dem Rumpf sitze.« Von diesem Punkt abgesehen, beschloß aber die Versammlung, das Modell zu akzeptieren, »womit dann die erste Rate der Zahlungen fällig wird«.

Diese Rate betrug 50 000 Reichsmark, der dritte Teil des Gesamthonorars von 150 000 Mark für Denkmal und Sockel – ohne Fundament, das extra bezahlt werden mußte. Aber das Komitee verfügte inzwischen über eine Summe von mehr als 190 000 Mark, so daß keinerlei finanzielle Probleme entstanden. –

Die rein ästhetische Kompetenz des Bildwerks steht außer Frage. Wie steht es aber mit seiner menschlichen, mit seiner politischen Bedeutung? Was zuerst auffällt bei solchem Denkmal ist die Entfernung der Figur vom Betrachter durch einen hohen Sockel von sechs Meter Höhe. Und dabei hatte der Sockel ursprünglich sogar achteinhalb Meter hoch sein sollen. Auf Vorschlag Hildebrands selbst ist er dann auf die heutige Höhe gesenkt worden – immer noch weit genug, um ihn unserem menschlichen Blick als Person zu entziehen. Das Denkmal ist noch Ausdruck der ungebrochenen Idee der Autorität, die dem Politiker Bismarck durch seine Leistung über das damalige Deutschland hinaus international zugewachsen war – besonders durch die Jahre nach dem Krieg 1870/71, als er sich in wachsendem Maße als Mann des Ausgleichs und der Friedenssicherung erwies.

Von diesem Bismarck, dem großen Psychologen und listenreichen, erfahrenen Politiker, der auf dem Berliner Kongreß von 1878 die Grundlagen für einen langdauernden Frieden als der gute Makler allgemeiner Interessen legte, ist auf dem Denkmal nichts zu bemerken. Und vielleicht zielte die kritische Anmerkung eines der Teilnehmer in der Versammlung der Kunsthalle gerade hierauf: Zwar erscheint er nicht mit dem Marschallstab, sondern mit der Aktenrolle des Diplomaten und Ministers, doch in der Uniform eines Kürassiers und mit dem Degen. Das martialische Gehabe eines Feldherrn ist ihm zu eigen – mehr die potestas als die auctoritas.

Vom Zeitgeist geprägt

Hier unterliegt Hildebrand dem Zeitgeist, dem eine falsche Auffassung von Autorität nahelag. Denken wir an das letzte Jahrzehnt der Geschichte der Bundesrepublik, in der das autoritätskritische Bewußtsein mit der Arbeit von Autoren wie Horkheimer, Marcuse, Mitscherlich und Adorno in verschiedener Hinsicht und mit wohl ungleichwertigen Argumenten geweckt wurde, so erkennen wir, wie weit wir heute von dem Gemeinten des Denkmals uns entfernt haben. Rodins »Bürger von Calais« (1885–89) stehen uns da näher, trotz ihres pathetischen Ausdrucksgehabens. Aber sie sind Menschen wie wir, auf einer Ebene mit uns – und doch die große Autorität ausstrahlend, die aus Selbstlosigkeit und Leidensbereitschaft entspringt.

Vielleicht wäre erst heute ein anderes Bismarck-Denkmal möglich. Das Hildebrandsche Werk, in seiner ästhetischen und plastischen Kraft immer noch packend, entbehrt dieser unmittelbaren Menschlichkeit: Autorität wird allzusehr durch Amtsmacht symbolisiert, als daß sie uns heute noch betreffen könnte. Hier liegen die Grenzen dieses bedeutenden Kunstwerks. Es ist präziser Ausdruck einer politischen Auffassung, die nicht mehr die unsere ist und auch nicht mehr werden kann. Daß damit nichts gegen das Gewicht von Autorität auch in der Epoche der industriellen Revolution gesagt ist, ist beinahe selbstverständlich. Die Betrachtung des Bismarck-Denkmals kann dazu anregen, über die Funktion von Autorität in der Gesellschaft der Menschen erneut nachzudenken.

Vielleicht das Symbol eines ökonomischen Konfliktes

Der Kampf des Centauren mit der Schlange

In die Fotoausstellung »Kunst im öffentlichen Raum« der Universität Bremen hatte man ihn nicht aufgenommen, obwohl er nach seiner Neuaufstellung in der Neustadt zu den gelungensten Beispielen für die richtige Einordnung plastischer Werke in den bepflanzten oder auch den strenger architektonisch geordneten Raum ist. Nach dem Bismarck von Hildebrand bedeutet die Betrachtung des Centaurenbrunnens in der Neustadt einen Schritt zurück in die Geschichte. Denn er gehört jener Bewegung an, die nach dem Abebben des klassizistischen Kanons um die Mitte des 19. Jahrhunderts einen anderen Griff in die Kunstgeschichte tat: man übernahm barocke Tendenzen, wie sie Jahrhunderte früher in Italien von Bernini (1598–1680) und seiner Schule als ein anderer Rückzug in die Antike geschaffen worden waren. In Deutschland war es Reinhold Begas, der Berliner, der mit seinem berühmten Neptunbrunnen an der Spree (1888–91) diese Bewegung nachdrücklich bestimmte.

In genau diese Entstehungszeit gehört auch der Cenaurenbrunnen des Bildhauers A. Sommer, der dieser neobarocken Bewegung zuzurechnen ist. Man erzählt sich seltsame Geschichten über das Motiv, das den Stifter des Brunnens, den Kaufmann Heinrich August Gildemeister, geleitet haben soll, als er seiner Vaterstadt am 12. Dezember 1889 die Bitte unterbreitete, einen Brunnen mit Centaurenfigur auf einer Verkehrsinsel an der Schwachhauser Heerstraße als Denkmal und Geschenk entgegenzunehmen. Die einen erzählen, er habe damit verhindern wollen, daß an dieser Stelle eine Bedürfnisanstalt errichtet würde, andere meinen, daß er dort die Errichtung eines Bismarckdenkmals habe unterbinden wollen, indem er einem Komitee, das damals zur Errichtung eines solchen Denkmals gerade gegründet wurde, mit seinem Vorschlag zuvorkam. Das ist zwar nicht unmöglich, doch, wie der Rezensent meint, wenig wahrscheinlich. Näheres und Beweiskräftiges für die eine oder die andere Annahme hat sich in den Akten des Staatsarchivs aber nicht finden lassen.

Ursprung im
Neobarock des 19. Jahrhunderts

Das mag also auf sich beruhen. Aber skizzieren wir noch kurz den Verlauf der Sache, soweit er sich aus den Archivpapieren und dem »Chronologischen Verzeichnis aller denkwürdigen Ereignisse (Dreißig Jahre Bremen 1876–1905)« von Hubert Wania ablesen läßt. Die Sache verlief wesentlich schneller als bei der Errichtung des Bismarckdenkmals: Schon am 27. Januar 1890 macht der Senat der Hansestadt Mitteilung von der beabsichtigten Schenkung an die Bürgerschaft. Diese stimmt alsbald mit Dank an den Stifter zu und akzeptiert gleichzeitig dessen Bedingungen. Zu ihnen gehörte, daß der Anschluß an die Wasserleitung Sache der Stadtwerke wäre, daß in den Monaten von Mai bis Oktober der Brunnen täglich für sechs Stunden in Betrieb zu halten sei, und daß aus dem Maul der Schlange ein mindestens drei Meter hoher Wasserstrahl – über dem Terrain demnach etwa sechs Meter – zu fließen habe.

Eine weitere, eigentlich selbstverständliche Bedingung war die Entfernung einer auf dieser Insel stehenden Anschlagsäule und schließlich die Zusage der dauernden Unterhaltung durch die Stadt. Das sollte sogar 1936 noch eine Rolle spielen, als mit einem Schreiben (vom 23. Juni 1936) des stellvertretenden Vorsitzenden des Bremer Droschkenvereins an den zuständigenSenator beantragt wurde, »daß der Bitte unserer Mitglieder entsprochen würde, das Wasser rein zu halten, um so die Fische (Goldfische) lebensfähig zu erhalten«. Das ergab dann einen einigermaßen komplizierten Verwaltungsvorgang mit vielem Hin und Her, aber schließlich wurde dem Antrag entsprochen und auch sonstige Beanstandungen beseitigt.

Die damalige Absicht:
Das Bismarck-Denkmal
verhindern

Eine neue Geschichte dieses Brunnens begann, als 1958 die Verlegung aus verkehrstechnischen Gründen notwendig wurde. Nichts in den Stiftungsbedingungen widersprach dieser Möglichkeit – so steht der Centaurenbrunnen seitdem an einer markanten Stelle des Leibnizplatzes. Der neue Standort, dessen genauere Fixierung zuerst noch umstritten war, bis sich das Hochbauamt – zu Recht – mit seiner Meinung durchsetzte, entsprang einem Vorschlag des damaligen Bausenators Balcke. Eine Notiz in den Bremer Nachrichten vom 10. Februar 1958 weist darauf hin.

Der Centaurenbrunnen

Damit hatte der Brunnen einen neuen, und, wie wir meinen, besseren Standort gefunden. Seine Aufstellung in einer größeren Baumlücke am Rande des Platzes, die architektonisch in ihrer Dimension richtige Pflasterung ergeben eine maximale Betonung des plastisch bewegten Brunnens.

Was aber hatte es mit dem Centauren eigentlich auf sich? Der Centaur, eine Gestalt der griechischen Mythologie, halb Mensch, halb Pferd, im Kampf mit einer Schlange: Eine bewegte, dramatische Figuration aus dem Geiste des italienischen Barocks. Warum denn griff man nach allem Klassizismus darauf zurück?

Plastik an sich ist eine Kunst, in der sich differenziertere Sachverhalte nur schwer formulieren lassen. Plastik ist immer die Kunst der grundlegenden Figurationen, in denen sich ein Zeitalter in Gebilden wiederfindet. Nur wenigen Bildhauern des 19. Jahrhunderts sind derartige Grundbilder gelungen, der größte unter ihnen ist Auguste Rodin – vielleicht sogar der einzige, der mit seinem »Denker«, mit dem »Balzac« und den »Bürger von Calais« solche das Zeitalter interpretierenden und fassenden Formen fand.

Brunnenbau als Ausdruck von Kolonialismus und Imperialismus

Auf einem geringeren Niveau gelingt das aber auch A. Sommer, dem Schöpfer dieses Brunnens. Er lebte damals in Rom. Es war das Zeitalter des sich seiner Kraft bewußt werdenden Industrialismus – das Zeitalter auch, des sich mächtig entfaltenden Imperialismus und Kolonialismus. Man könnte diesen Centaur als ein Symbol dieser Kraftentfaltung verstehen, auch als ein Symbol der dabei auftretenden Schwierigkeiten und Kämpfe – der Gegner der sich mächtig rührenden ursprünglichen Kraft würde als die Schlange dargestellt, die mit List und blitzschnellen Reaktionen den Vorteil auszugleichen versucht, der der größeren Kraft eigen ist.

Ironischerweise könnte man so diesen Centaurenkampf als symbolische Darstellung des Konkurrenzkampfes der imperialistischen Kolonialmächte untereinander auffassen – eine gewiß naheliegende Deutung. Der Gegner im Konkurrenzkampf – das ist natürlich immer der listige Böse, der, was er mit eigener Kraft nicht zu erreichen vermag, auf gewundene Weise zu erreichen versucht. Die Moral war schließlich immer auch ein Mittel des Stärkeren, um dem Gegner die Kompetenz zu rauben. Die griechische Mythologie im ideologischen Dienst des Kolonialimperialismus – warum sollte ein Kaufmann als Auftraggeber dieses Brunnens sich nicht derart eine sachgemäße Ideologie verschaffen?

So verstanden ist der Brunnen ein Bild einer vergangenen Epoche – Symbol einer nun endgültig überwundenen Vergangenheit. Endgültig? Blickt man auf die gegenwärtige Szene, in der der Interessenkonflikt zwischen Industrie- und Rohstoffländern eine neue Form der kolonialen Auseinandersetzung annehmen könnte – er wird auch mit konformen Argumenten geführt – so wäre der Brunnen vielleicht doch nicht bloße Erinnerung. Doch wer ist denn Centaur, wer Schlange?

Einige Zeit später sollte auf diese Überlegungen Antwort kommen – in Form zweier Briefe, deren Autoren aus ihrer Sicht einen Beitrag zur Deutung lieferten. Der erste Brief kam aus der Feder Eberhard Gildemeisters, des nun achtzigjährigen, inzwischen verstorbenen (Anmerkung 30. 6. 1978) Architekten. Er wies darauf hin, daß die Frau des Stifters des Brunnens, »unsere sehr prächtige Tante Hansine«, Dänin gewesen sei und ebenso tatkräftig wie stolz auf ihre Nationalität. »Als sie hörte, daß ein Bismarck ihr vors Haus gesetzt werden sollte, erklärte sie: niemals hier einen Bismarckbrunnen!«

Die Mitarbeit von kritischen Lesern

Dazu ist nun anzumerken, daß die genannte Dame, Mutter von vier Söhnen, die, als die ungekrönten Könige von Chile und Peru allbekannt waren, damals das Haus Ecke Dobben/Bismarckstraße bewohnte – gegenüber dem für den Brunnen in Aussicht genommenen Platz. Eberhard Gildemeister weist noch darauf hin, daß dies eines der ersten von seinem Vater, dem Architekten der Kunsthalle, erbauten Häuser gewesen sei.

Den Bau des Bismarckdenkmals an dieser Stelle zu verhindern, stifteten also die streitbare Dame und ihr Mann, der Kaufmann Heinrich A. Gildemeister, den Centaurenbrunnen. Der Vater von Eberhard Gildemeister ließ ihn durch seinen Freund, den Bildhauer A. Sommer errichten. Er selbst entwarf das Brunnenbecken mit dem eingelegten Mosaikboden. Was die dänische Tante nicht mehr verhindern konnte: die Kennzeichnung der Straße, in der sie wohnen sollte, als Bismarckstraße!

Noch etwas zur »Sinngebung« des Brunnens, wie E. Gildemeister schreibt. Sein Bruder Hermann Gildemeister erinnere sich eines Gesprächs zwischen seinem Vater und einem befreundeten Bildhauer, in dem davon die Rede gewesen sei, daß in der Figuration dargestellt würde, »daß die Kraft des handelnden Menschen – hier vielleicht auch die des Bremer Kaufmanns – über die Ränke der Schlange siegreich blieb«.

Eine andere Auslegung, mit der Frau Adelheid Diekmann meinen Vorschlag außer Kraft setzen möchte, geht dahin, daß der Stifter des Denkmals es zum Andenken an seinen Sohn getan habe, der im Ausland – also wohl Chile oder Peru – durch einen Schlangenbiß ums Leben gekommen sei. Wie man leicht erkennen kann, bestätigt der erste Brief die Annahme, daß der Brunnen ein Bismarckdenkmal an dieser Stelle verhindern sollte und nicht etwa eine Bedürfnisanstalt. Der zweite Brief gibt eine Deutung für das Motiv des Brunnens, die mir sehr viel realistischer zu sein scheint, als die genannten Annahmen über die »Sinngebung«.

Daneben aber ergibt sich eine überraschende Koinzidenz aus den beiden Mitteilungen: Einer von den vier genannten »ungekrönten« Königen von Chile und Peru scheint einem Schlangenbiß zum Opfer gefallen zu sein. Die Angaben von Frau Adelheid Diekmann haben also eine hohe Wahrscheinlichkeit – und widersprechen auch keineswegs den Mitteilungen von Eberhard Gildemeister: Beides, das Gedenken an den Tod und die Verhinderung eines Bismarckdenkmals an dieser Stelle können ja durchaus miteinander verträgliche Motive sein.

Die Tücken von Deutungsversuchen

Und der Rezensent, derart belehrt, wie steht er mit seinem Deutungsversuch da? In dem Kontext, in dem die Idee des Denkmals nach diesen Mitteilungen (Schlangenbiß, ungekrönte Könige von Chile und Peru, sinnbildliche Verherrlichung der Kraft ... des Kaufmanns ...) auftaucht, bietet sich die Deutung aus dem Zeitalter des Kolonialismus beinahe zwanglos an, wenn auch weder Chile noch Peru je Kolonien waren. Sie waren aber gewiß im Grundkontext des damaligen Zeitalters halbkoloniale, dem Zugriff entschlossener Kaufleute (ungekrönte Könige!), die ihre Chancen zu wahren wußten, offen liegende Gebiete. Mein erster, nur aus allgemeiner Kenntnis der Struktur des damaligen Zeitalters aufgebauter Deutungsversuch hätte, so gesehen, eine vernünftige Grundlage, die durch die Mitteilungen in den Briefen nur schärfer umrissen wird. Jeder derartige Deutungsversuch hat seine Tücken: er ist immer wie eine Tangente an eine sich im Unendlichen verlierende Kurve, kann aber selten mit einem bestimmten Punkt des historisch belegbaren Verlaufs der Ereignisse vollkommen zur Dekkung gebracht werden. Hier taucht das Problem der historischen Hermeneutik auf, das sich ebenfalls zu leicht im Vagen verliert. Demgegenüber hatte mein Versuch nur die Funktion, das Dunkel in verständlicher Weise in den Geschichtszusammenhang einzuordnen, ihm damit auch eine gewisse »Aktualität« zurückzugewinnen. Wenn E. Gildemeister in seiner Mitteilung meinte, daß man in der symbolischen Auffassung des Denkmals als Verherrlichung menschlicher Kraft seinen »überzeitlichen Sinn« sehen müsse, so mag dem nicht widersprochen werden. Andererseits: Die »überzeitliche« oder gar »ewige« Bedeutung derartiger Figurationen besteht immer nur in dem Maße, in dem jede neue Generation sich ihre eigenen Verständnismöglichkeiten erarbeitet. Die Dinge werden nur so lange nicht zum alten Eisen gepackt, als ihre ästhetische Bedeutung sich in solchen Neudeutungen niederschlägt.

Sinnbild für menschliche Entfremdung

Die Bronzeplastik der Bildhauerin Alice Peters

Gegenüber dem Centaurenbrunnen, auf dem Platz, an dem die Stadtbibliothek Neustadt liegt, findet man eine Bronzeplastik der Bildhauerin Alice Peters, ein sitzendes Paar, das eine typische Zeitsituation aktualisiert. Richtet man seinen Blick in weiter Perspektive auf das, was an entscheidend Neuem in der gegenwärtigen Epoche zu bemerken ist, so scheint sich die Suche nach einer gemeinsamen Basis menschlichen Handelns und menschlicher Existenz als der wichtigste Zug zu präsentieren. Daß diese Suche sich in streitender Auseinandersetzung, in Angriff, Terror, in Krieg und fortgesetztem Blutvergießen vollzieht, darf nicht über die zugrundeliegende solidarische Tendenz hinwegtäuschen. Daß ein Gemeinsames, alle Menschen und Staaten Verpflichtendes gesucht wird, beweist allein die wenn auch noch so schwach institutionalisierte Existenz der UNO.

Was hat das mit unserer Plastik, dem sitzenden Paar am Eingang zur Neustadtscontrescarpe, zu tun?

Wir finden zwei Figuren, offenbar Mann und Frau, in einer seltsamen, ganz ungewöhnlichen Situation. Sie sitzen nebeneinander, doch richten sich ihre Blicke infolge gegenläufiger Sitzrichtung auf gegensätzliche Horizonte: Sie sehen beide etwas ganz anderes. Wenn sie, mit dem Blick auf die sich ihnen jeweils darbietende Wirklichkeit, von ihren Beobachtungen und ihren Urteilen berichten, scheinen sie in verschiedenen Welten zu leben: Sie verstehen nicht mehr, was der andere sagt, weil sie anderes sehen und dies andere nicht in ihre Welt einzuordnen vermögen. Wir haben hier also eine typische Situation der von Hegel und Marx so umschriebenen »Entfremdung«, obwohl dieser Titel in strengerem Sinne sich bei Marx auf die Selbstentfremdung bezieht, in die der arbeitende Mensch durch eine seiner Menschlichkeit nicht konforme Weise der Arbeit gerät.

Der arbeitende Mensch und die Entfremdung

Hier aber handelt es sich um die Entfremdung zwischen Personen, zwischen Mann und Frau. Sie wird real markiert durch die Zunahme der Anträge auf Ehescheidung, an denen die Frauen selbst mit 75 Prozent beteiligt sind, wie die Statistik ausweist. Einer der Gründe für die Entfremdung scheint also zumindest die durch ihre Einordnung in die produzierende Tätigkeit innerhalb der Arbeitswelt bewirkte Emanzipation der Frau zu sein. Die Frau entdeckt sich selbst als ein eigenes, vom Manne unterschiedenes, aber ihm durchaus gleichwertiges Wesen. Wie das Erwachen der afrikanischen Staaten zu nationaler Identität zu Konflikten von weltgeschichtlichem Ausmaß führt, so bewirkt diese breite soziale Erscheinung, in der die Ehescheidung nur die größte Signalwirkung hat, die Konflikte, die zur Infragestellung der Ehe geführt haben.

Alice Peters
Sitzendes Paar

Hier rührt Kunst unmittelbar an eine aktuelle Situation, die keineswegs nur negative Seiten hat. Sie ist eine Herausforderung an beide Seiten, innerhalb des Selbstwerdens das menschlich Solidarische, das sich in der Ehe in symbolischer Form institutionalisiert, nicht zu übersehen. Diese Plastik ist also keine Vergöttlichung eines Ideals, des Schönen, Guten und Wahren – sie möchte eher zum Nachdenken nötigen, zur Erkenntnis der Lage. Sie ist weniger Anruf des Schönen als ethische Herausforderung.

Dem entspricht auch die asketische Haltung der Figuren, deren Leiblichkeit so reduziert wirkt: Mager, kantig und starr muten sie an. Sie treiben nicht zu sinnlicher Euphorie, sondern mobilisieren im Betrachter eher Fragen, Nachdenken und Stillhalten vor etwas sich undeutlich anmeldenden neuem Wirklichen. Die Symbolfindung ist hier mit künstlerisch konformen Mitteln gelungen. Plastik als Darstellung einer Zeitsituation nicht nur, sondern als symbolische Darstellung eines Dauernden. Sie meint das Ausgesetztsein des Menschen, in dem er sich ständig selbst und zugleich damit das Gemeinsame mit den anderen zu finden hat. »Die Hölle – das sind die anderen!« Dieses Zitat aus dem Drama »Geschlossene Gesellschaft« (Huis Clos) von Sartre ist gewiß eine der schärfsten Analysen der Epoche. Es wäre aber eine totale Verfälschung, übersähe man, daß immer noch der Satz zu bedenken bleibt: »Die Wachenden haben eine gemeinsame Welt« (Heraklit). Die Dialektik von Emanzipation und Solidarität, besser die von Eigenständigkeit und Gemeinsinn, bestimmt unsere gegenwärtige Welt: Dafür steht in bescheidener Weise auch die Plastik von Alice Peters.

Einiges zur Kritik der Aufstellung. Es ist bei unseren Gängen durch die Stadt mehrfach aufgefallen, wie schlecht manche der Plastiken dargeboten werden – auch wie falsch der Standort gewählt ist. Das gilt nicht nur für die »Windorgel«, die man inzwischen auf einem ganz nebensächlichen Platz in Huckelriede gleichsam »abgestellt« hat – wir wollen hoffen, nicht auf Dauer. Das gilt vor allem auch für die Bronze »Sitzendes Paar«. Hier ist nicht der Standort an sich falsch gewählt. Hier ist die architektonische Akzentuierung, die immer eine besondere Heraushebung eines Bildwerks aus der Umgebung einschließen muß, gänzlich mißlungen.

Kritik an der Aufstellung

Eine solche Figuration braucht, damit sie in ihrer Bedeutung gewürdigt und verstanden werden kann, einen sie gegen die Umgebung abgrenzenden Hintergrund. Das kann auch durch Bepflanzung teilweise erreicht werden, wie das beim Centaurenbrunnen der Fall ist. An dieser Stelle ist das aber nicht ausreichend, könnte aber durch weitere gärtnerische Maßnahmen erreicht werden. Das allein aber würde nicht ausreichen. Erforderlich ist eine Verbreiterung der mehr als kümmerlichen Sockelumrahmung, auf die man das Ganze gestellt hat.

Der jetzige Zustand wirkt allzu provisorisch: Auch die eine kümmerliche Bank, die an dem auf schnelles Durchschreiten angelegten schmalen Weg aufgestellt ist, lädt nicht zum Verweilen ein. Es ist, als ob die Initiatoren der Aufstellung gedacht hätten: Nur nicht hinsehen, nur kein Aufenthalt, das lenkt nur die Aufmerksamkeit auf einen eher peinlichen Sachverhalt.

Nichts ist falscher als solche Meinung: Über das Problem der Ehe hinaus, in dem sich nur in kleinstem individuellem Rahmen ein Problem der Epoche akzentuiert, steht dies Bildwerk für ein überdauerndes Grundproblem menschlicher Existenz überhaupt: wie wir zugleich in Selbstbewahrung und in Gemeinsamkeit existieren können. Darum sollte man einen gehörigen Rahmen für diese Gruppe finden.

Ein astronomisches Thema sinnlich erfaßbar dargestellt

Paul Halbhubers »Sonne« in Bremen-Obervieland

Bisher hatten wir uns in unseren Darstellungen und Überlegungen zur Frage »Kunst im öffentlichen Raum« ausschließlich mit solchen Bildwerken befaßt, die einen wortsprachlich bezeichenbaren »Inhalt« zum Gegenstand hatten. Wir zeigten figürliche Darstellungen, die dem Andenken an einen bedeutenden Mann galten, oder andere Figurationen, die allgemein menschliche Vorgänge zum Thema nahmen.

In den letzten Jahrzehnten hat sich aber auch die Plastik, die ihrer Natur nach konservativste der Künste, mit den Fragen auseinandergesetzt, die durch die abstrakte Kunst in die Diskussion eingeführt wurden. Seit Kandinsky sein grundlegendes Buch »Über das Geistige in der Kunst« schrieb, ist diese Problematik auf der Tagesordnung geblieben. Wir können an dieser Stelle nicht den ganzen Horizont dieser vielfältigen Fragesituation abschreiten. Nur soweit sei an die Ausgangssituation erinnert, daß durch diese Problematik ein neuer Bereich der Existenzmitteilung durch »Formen« erschlossen wurde. Er stellte farbige, plastische oder lineare Zeichen ebenso wie Klänge der Musik nicht mehr in den Dienst der Darstellung gegenständlich deutbarer Erscheinungen, sondern er wollte mit den Formen selbst — ohne Anspielung auf Reales — Vorstellungen und Emotionen provozieren oder anregen, die jenseits des Reiches sichtbarer Erscheinungen lagen.

Unsichtbares sichtbar

Ein im Anschluß an Klee gebildeter Slogan stellte fest, daß Kunst nicht Sichtbares vorzeige, sondern gleichsam »Unsichtbares« sichtbar mache. Nun wird jeder sofort bemerken, daß solche »Realität« — ob nun Absicht oder Nebenwirkung — schon immer Thema der Kunst ge-

Paul Halbhuber
Die Sonne

wesen sei. Schließlich habe ja Dürer mit seinen »Aposteln« oder Goya mit seiner Darstellung der Erschießung der Aufständischen mehr bringen wollen als nur Reportagen über Personen oder Ereignisse. Das ist gewiß so, aber widerlegt nicht den besonderen Charakter der modernen Problemstellung, die sich gerade die Aufgabe stellt, Zeichen für Wirklichkeiten zu suchen – zu erfinden oder herzustellen –, die in sich selbst genügend Symbolkraft haben, um durch die Beziehungen der Formzusammenhänge auf außerhalb des Sichtbaren liegende Seinsschichten zu verweisen.

Lassen wir es bei dieser kurzen Skizze der Situation, die weite philosophische und psychologische Fragestellungen einschließt, bewenden. Erörtern wir die Sachlage konkret an einem Beispiel, das eine Art Übergangssituation kennzeichnet, der großen als »Sonne« bezeichneten Bronze, die der Bremer Bildhauer Paul Halbhuber als ein markantes »Zeichen im Raum« auf einem gut angelegten Platz vor einem Grundstück der »Brebau« in Bremen-Obervieland aufgestellt hat.

Symbol von Strahlung

Ein Foto von 1970 zeigt die damals errichtete mehrere Meter hohe »Säule« noch in einer ihrer Position gut entsprechenden Umgebung – wir kommen auf diese Frage noch zurück. Das gleichsam astronomische Thema wird hier in einer sinnlich faßbaren Form derart behandelt, daß zwei Sonnenräder mit Zacken, die die Strahlung symbolisieren, sich rechtwinklig durchdringen und damit zugleich auf die Hauptrichtungen des Raumes verweisen. Was den menschlichen Tag, was den Ablauf menschlicher Handlungen, der Tages- und Jahreszeiten eigentlich regelt – darauf wird hier verwiesen.

Das eigentlich Selbstverständliche, das darum in seiner fundamentalen Bedeutung immer Übersehene, wird hier ins Bewußtsein des Betrachters gerückt. Diese sich kreuzenden Sonnenräder werden nun auf eine Säule gestellt, die, aus einem ungeteilten Schaft erwachsend, sich in die vier Richtungen spaltet. Und man könnte die symbolische Interpretation weitertreiben, indem man darauf verweist, daß die Ursprungszahl die »Eins« ist, aus der dann erst die anderen Zahlen – als Verlust an Würde und Verfall an die Positivität – entsprangen. Ein schönes, allgemein verbindliches Symbol – und zugleich ein gelungenes Zeichen im öffentlichen Raum.

Als solches ist es an die richtige Stelle auf dem durch Gebäude richtig geordneten Platz gestellt. So sieht man die auch in ihrer Höhenbemessung zum Platz und dem es beherrschenden Hochschulkomplex richtig bemessene Bronze noch auf dem Foto des Katalogs »Kunst im Stadtbild« zur Ausstellung der Universität. Inzwischen hat sich die Situation geändert, nicht nur die einen guten Hintergrund bildende Randbepflanzung ist »herangewachsen«, auch der Bewuchs der Pflanzkästen in der Nähe der Plastik hat eine Höhe erreicht, die die Bronze ihrer eigentlichen platzbestimmenden Funktion beraubt. Wichtig auf diesem Platz ist aber nicht dieser oder jener Baum, wichtig ist dieses Zeichen, das ein wirklich erfundenes künstlerisches Symbol ist. Mag der eine oder der andere angesichts weniger gewichtiger Formfindungen, die es in unserem Stadtbild auch gibt, meinen, daß mit Schwächen behaftete plastische Bildungen keine bessere Aufstellung verdienten, so muß solcher Meinung scharf widersprochen werden.

Das Denkmal und die Grünpflanzung

Ein mittelmäßiges Bildwerk rechtfertigt keineswegs eine schlechte oder sorglos-dürftige Aufstellung. Will man es nicht zeigen, dann gehört es eben ins Depot. Wird es öffentlich aufgestellt, so hat man sich dieser Aufgabe mit dem gehörigen Interesse und dem unerläßlichen Können zu unterziehen. Im Falle der »Sonne« wären solche Erwägungen ohnedies abseitig: sie steht auf dem Platz an richtiger Stelle. Falsch ist hier nur die in der Nähe zu hohe Bepflanzung der großen Kästen. Sie muß verschwinden, wenn man der Bronze nicht jeden Sinn als »Zeichen im Raum« nehmen will. Das ist leicht zu bewerkstelligen: Der Bewuchs der Kästen muß nur durch einen im Endzustand wesentlich geringere Höhe erreichenden ersetzt werden. Um einen Vorschlag zu machen: die maximale Höhe des Bewuchses dürfte die Hälfte der Höhe der Bronze in keinem Fall überschreiten – besser noch wäre hier ein sinnvoller Flachbewuchs. – Man sollte die gemachten Fehler möglichst bald korrigieren. Der finanzielle Aufwand ist gering.

Das pure Zeichen im Raum wird oft nicht akzeptiert

Die Metallplastik Hein Sinkens vor der Gesamtschule West

Mit der Bronze »Sonne« von Paul Halbhuber hatten wir innerhalb des Gesamtthemas »Kunst im Stadtbild« das Sonderthema »Zeichen im Raum« angeschlagen. Um ein derartiges Zeichen handelt es sich auch bei der Plastik aus nichtrostendem Stahl, die der Bildhauer Hein Sinken 1973 für die Gesamtschule West an der Lissaer Straße geschaffen hat. Es handelt sich dabei um einen Beitrag zum in der Gegenwartskunst eine Zeitlang aktuellen Thema der Bewegung, der Einführung gewisser Zeitabläufe in die sonst statische Orientierung der traditionellen Plastik.

Die von Sinken geschaffene Figuration besteht aus einer Reihe von gegeneinander im Raum geneigten Zylindern, an denen jeweils zwei Halbkugelschalen befestigt sind. Die Zylinder sind drehbar gelagert, so daß die aus wechselnden Richtungen angreifenden Windkräfte verschiedene dieser plastischen Elemente in Bewegung versetzen. Bewegung ist hier entscheidend wichtig, da ohne sie diese plastisch-techni-

Hein Sinken
Metallplastik vor der
Gesamtschule West

sche Figuration ohne jede Funktion im Platzraum bliebe, in dem sie einigermaßen verloren steht. Nähert man sich der Schule frontal in der Richtung auf den Haupteingang, so fällt weniger das plastisch völlig unzureichende Volumen dieser Metallkonstruktion auf, als allein das Blinken der sich drehenden Halbkugelschalen.

Die Aufstellung ist problematisch

Aber genügt dieser Ausweg? Genügt das auch nur als »Zeichen im Raum«? Sieht man sich die Lage dieser auf einem dicken Betonsockel aufgebauten Konstruktion im Platzraum von verschiedenen Seiten aus an, so fallen die ungünstigen Überschneidungen mit den zahlreich auf dem Platz aufgestellten Lichtmasten auf. Das zu verhindern, wäre natürlich die Aufstellung der Plastik auf dem erhöhten Rednerpodest das einfachste Mittel. Dieser Aufstellung allerdings wäre sie kaum gewachsen. Dazu bedürfte es einer das Gefühl und die Einbildungskraft stärker anregenden Form.

Die Arbeit von Sinken könnte mehr Interesse gewinnen, wenn sie einem klar strukturierten – und übrigens dann viel begrenzteren – Raum zugeordnet wäre. Dieser große Vorplatz der Schule ist aber in seinem Bodenrelief ebenso wie in seinen ihn kaum gliedernden Begrenzungen so wenig durchgeformt, daß in ihm nur eine außerordentlich wuchtige Form noch Halt gewinnen könnte: Hier ist noch alles zu tun, um die gestellten Probleme zu lösen.

Der Katalog der Universitätsausstellung »Kunst im Stadtbild« beschäftigt sich ausführlich mit den hier anstehenden Fragen. Es wird berechtigt Kritik geübt: ... »Auch der Schulhof zeichnet sich durch eine freudlose Gestaltung ... aus. Spielbereiche bieten einen verwahrlosten Eindruck.« Dem muß zugestimmt werden. Eines der interessantesten Kapitel in dem Katalog überhaupt betrifft die Aufzeichnung von Reaktionen der Betrachter – von Schülern und Bewohnern der anliegenden Stadtbezirke. Da es eines der Ziele der neuen Kunstpolitik in Bremen ist, die »Benutzer« in die Gestaltung mit ihren Absichten und Bedürfnissen miteinzubeziehen, um die Kunst als ein sozial wirksames Phänomen allen zugänglich zu machen, ist natürlich die Feststellung ihrer Reaktionen und die entsprechende Auswertung wichtig.

Zunächst wurde beim »Windspiel« die Absicht des Künstlers interpretiert: »Soll ins Auge fallen; soll eine Zierde sein, damit es nicht so kahl ist; soll ein Wahrzeichen für die Schule sein; soll für den Künstler werben; soll die Windstärke zeigen.« Im Katalog wird dann festgestellt, daß die negativen Urteile überwogen: »Die einen fanden, daß es nichts nützt, im Wege steht und daß man nichts damit anfangen kann.« Man wollte statt dessen Turngeräte und Zeichengeräte anschaffen oder den Ausbau des Schülerclubs und der Sekundarstufe II voranbringen, wie es im Katalog heißt, der an dieser Stelle schon auf die vorherrschenden Tendenzen hinweist, die bei späteren Projekten betont wurden.

Man erkennt aus diesen Befragungen und Reaktionen, daß weder die Kunstpolitiker noch eine größere Mehrheit der Betrachter mit der bloßen Funktion eines Zeichens im Raum einverstanden sind. Man will etwas mit den Sachen »anfangen« können. Was und warum, wird zunächst weder gefragt noch gesagt. Hier liegt sowohl bei den Befragern als auch den Antwortern ein nicht erkannter Mangel an Reflexion vor: eine grundsätzliche Kritik der aufgeworfenen Problematik wird hier anzusetzen haben.

Unzureichende Entscheidungsprozesse?

Worauf man allerdings hinauswill, darauf verweist Barbara Schneider in einer Vorlage des Universitätsfachbereichs Kunst/Visuelle Kommunikation für das Kollegium der Gesamtkonferenz der Schule. Danach entspricht das Ergebnis des vorher veranstalteten Wettbewerbs in keiner Hinsicht den Erwartungen. Es wird die Zusammenarbeit Künstler/Schule durch die Wettbewerbssituation verhindert. Die Aktivitäten von Schule, Schülern und Eltern an den Entscheidungsprozessen seien unzureichend gewesen, die Kunstobjekte selbst durchaus traditionell.

Gefordert wird dagegen, daß der Künstler die Bedürfnisse seiner Zielgruppe bedenken müsse, daß nur eine den Schülern verständliche Sprache Berechtigung im Schulbereich habe, wozu auch die Berücksichtigung der »materiellen und emotionalen Interessen von Schülern« gehöre. Man erwartet, daß der Künstler weniger fertige Dinge als vielmehr Konzepte, Handlungsvorschläge und Handlungsstrategien lieferte. Mehr noch: Die Kunst müsse in ihrer »Antifunktion« (soll heißen, in ihrer den Betrachter in seinem kritischen Bewußtsein stärkenden Anregung) gesehen werden: kritischer Nonkonformismus und Veränderungsbereitschaft müßten durch sie geweckt werden.

Ein Programm? Gewiß. Aber auch ein durchführbares und sinnvolles? Das wird an anderen Projekten zu prüfen sein, die mehr Grundsätzliches der Problematik hier weiter auszuarbeiten erlauben.

Wenn Laien beim Gestalten helfen

Das Huchtinger Schulzentrum als Experimentierfeld

In früheren Überlegungen hatte ich das »Windspiel« von Hein Sinken einer Betrachtung unterzogen und dabei auch die Stimmen zitiert, die ihre kritische Reserve gegenüber diesem Versuch zum Ausdruck brachten. Diese Kritik geht von bestimmten Perspektiven aus. Nicht nur, daß sie die aus einem Wettbewerb hervorgegangenen Vorschläge für durchaus traditionell hält – was nicht in jedem Fall stimmig ist –, mehr: Sie verhinderten die Zusammenarbeit von Künstler und Schule, vor allem aber sei die Beteiligung von Schule, Schülern und Eltern an den Entscheidungsprozessen, die zur Auswahl der Objekte führten, unzureichend gewesen. Aus dieser Kritik werden dann bestimmte Forderungen abgeleitet.

Das Publikum wirkt mit

Wichtigste Forderung: Es komme vor allem darauf an, den handelnden Umgang mit den Objekten anzuregen, der für Schüler besonders schwerwiegend sei. Bei multifunktionalen Objekten sei das am ehesten gegeben. Aus dem allgemeinen Bereich der Konzept-Kunst und der Happenings stammt die Forderung, daß der Künstler eher nur Ideen, Handlungsvorschläge für die Benutzer liefern sollte als fixierte Objekte auf Dauer. Und schließlich wird noch an den »kritischen Nonkonformismus« und an die Veränderungsbereitschaft appelliert.

Daß Kunst heute an ihren vordersten Fronten gewisse traditionelle Grenzen der klassischen Kunstvorstellung aufhebt, daß sie die Differenz zwischen Künstler und Publikum (Nichtkünstler), zwischen Kunst und Leben, zwischen Kunstobjekt und Realobjekt (objet trouvé) auflöst, ist seit Duchamp, seit Dadaismus und Surrealismus auf der Kunstszene ein alltäglicher Vorgang. Dieser Vorgang spiegelt nur eine gesellschaftliche Veränderung, die auf Aufhebung der Differenz zwischen Sachkompetenz und Laienmeinung in den verschiedenen Mitbestimmungsgremien drängt, allgemeiner eine Entscheidung zugunsten einer total offenen Gesellschaft gegen die Macht der handlungsleitenden Institutionen (Parteien, Parlamente usw.).

Setzt man die These von der institutionalisierten Gesellschaft gegen die der offenen als die Pole des geschichtlichen Prozesses (Gehlen contra Popper!) absolut, so kommt man zuletzt zu einer Theorie der Anarchie: Die offene Gesellschaft Poppers geht über in die radikalere Freiheit postulierende Marcuses und schließlich in die radikalste Konsequenz, die Bakunin durchdachte: die Anarchie. Aber seltsam, je weiter man die Pole voneinander trennt, je mehr man entweder dem Prinzip des offenen Feldes gegen die institutionalisierten Formen oder umgekehrt dem Prinzip der Institutionalisierung gegen die revolutionäre Offenheit Raum gibt, um so mehr rächt sich am Ende die Aufhebung der realen dialektischen Spannung. Auch eine Theorie der Anarchie muß eben als Theorie zuletzt doch wieder zu einer Verfestigung führen: Jede Theorie ist schon eine Institution.

Die Spannung von Figur und Grund

Man kann also vorhersagen, daß die unsere Gegenwart politisch und gesellschaftlich bestimmende Spannung zwischen offener, d. h. zu ständiger Veränderung bereiter und institutionell eingeschränkter, d. h. Veränderungsprozesses nur in eingeschränktem Handlungsrahmen zulassender Gesellschaft und der entsprechenden Theorien nur solange fruchtbar sein wird, als sie die Dialektik aufrechterhält und nicht zugunsten eines Pols auflöst. Diese Auseinandersetzung hat ja auch ein ästhetisches Äquivalent: In der Spannung von Figur und Grund tritt das Grundschema dieser Dialektik in ästhetischer Formalisierung wieder auf.

Schüler- und Laienarbeit in der Schule Huchting

Die hier geschilderte und analysierte Situation ist die Grundlage für die weiterführenden Versuche in Bremen, dem Thema »Kunst im Stadtbild« neue Dimensionen hinzuzugewinnen.

Vor allem drei Forderungen sollen realisiert werden: Mitwirkung von Schülern und Eltern nicht nur bei den Entscheidungsprozessen, sondern auch, gemäß der Forderung nach Aufhebung der Differenz zwischen Künstler und Publikum, die direkte Mitwirkung an der Gestaltfindung. Damit verbunden die Institutionalisierung der Rolle des Künstlers als Anreger, Ideen- und Konzeptlieferanten. Schließlich ist die Realisierung der Forderung nach Spielobjekten, die die Aktivität der Schüler herauslocken sollen. Dabei wird teilweise auch an den traditionellen Handlungsformen des Künstlers festgehalten.

Das neue Versuchsfeld ist die Schule in Huchting, an der die Arbeiten jetzt im wesentlichen abgeschlossen wurden. Man kann vier Gruppen von Versuchen unterscheiden. Zunächst die Bemalung des Treppenturms durch den Maler Peter-Jörg Splettstösser als Einzelleistung eines Künstlers in traditionellem Sinne. Dann die Figurenhöfe, Namenhöfe mit dem Künstler als Anreger und Lehrer zugleich. Radikalster Versuch: Gewisse Bemalungen der Betonmauern ohne derartige Anregungen nach freiem Belieben der Schüler. In dem Bereich der Spielobjekte sind die Fenderobjekte und Reifenobjekte, als Klettergerüste ausgebaut, und ein größeres Gerüst aus Stahlrohren zu nennen, die von der Bremer Künstlergruppe Barbara Claasen/Manfred Claasen/Dieter Schmal hergestellt wurden.

Verschiedene Bemalungen

Die Bemalung des Treppenhauses durch Splettstösser ist an der architektonisch kaum strukturierten Schule ein erfreulicher Versuch. Splettstösser wählt — unter Einbeziehung gewisser Kleinformen von Eltern und Schülern in sein Grundmuster — die Auflösung von drei vertikalen, das Treppenhaus nach außen begrenzenden Betonscheiben in eine Folge von gelben und weißen, farbig präzis abgestimmten Farbfeldern, die gegeneinander nach dem Prinzip von Figur und Grund gefügt sind: Dies Prinzip besagt, daß die verschiedenen Flächen wechselweise entweder als Figur oder als Grund gelesen werden können.

Die zweite Gruppe von Arbeiten betrifft die unter der Anregung und Leitung Splettstössers zustande gekommenen Bemalungen von Betonwänden mit kräftigen Farben. Bei dieser Bemalung waren Eltern und Schüler beteiligt: Die ornamentale Gestaltung von Tieren und Namen in den verschiedenen Bereichen läßt, bei aller individuellen Freiheit zur Entscheidung, die den Mitwirkenden zugebilligt wurde, doch klar die leitende Funktion eines Künstlers spüren. Das ganz besonders, wenn man diese Arbeitsergebnisse mit der Bemalung anderer — niedrigerer — Betonmauern in den gleichen Farben vergleicht: Hier darf ohne Übertreibung von totaler, durch möglichste Vertikalanordnung der Pinselzüge kaum noch gebändigter Anarchie gesprochen werden. Nichts gegen den Versuch: Aber zweifelhaft nur, ob diese Lustübungen denn unbedingt für längere Zeit der Mitwelt präsentiert werden müssen.

Spielobjekte, die benutzt werden

Anders wieder die Spielobjekte, die, wie der Rezensent am Ort feststellen konnte, auch wirklich benutzt werden. Auch hier kann natürlich von Kunst in traditionellem Sinne nicht gesprochen werden: Der Künstler stellt durch sein »Werk« nur eine Handlungssituation bereit, die erst durch den Benutzer sinnvoll gemacht wird. Inwiefern sich das nun von einem beliebigen Turngerät unterscheidet, bleibt fraglich. Aber schließlich: auch Duchamp signierte Installationsobjekte und erklärte sie damit zu so etwas wie Kunst. Er selbst, als Künstler-Denker mit einem feinen Gefühl für Unterschiede ausgestattet, nannte das lieber »Antikunst«. Als eine Reihe dieser Objekte oder Nachbildungen zuletzt vor einigen Jahren in der Kestnergesellschaft in Hannover ausgestellt wurden, nannte er sie schon nicht mehr so, sondern mußte in einem längeren Gespräch mit dem Rezensenten zugeben, daß seine Lage als Künstler, der ja auch vom Markt lebt, einigermaßen delikat sei.

Denn immerhin, wenn schon in einer total geöffneten Gesellschaft die Differenzen zwischen Kunst und Nichtkunst, zwischen Kunst und Leben, zwischen Künstler und Publikum aufgehoben werden in ein totales Happening (Vostell: »Alles ist happening!«), so erhebt sich die Frage, welchen Sinn dann noch Entscheidungstheorien, überhaupt »Strategien« des Handelns haben sollen. Daß mit der Aufhebung dieser Unterschiede, und das heißt auch mit der Aufhebung der Dialektik der gesellschaftlichen Positionen, alles in eine ununterscheidbare Gleichgültigkeit versinken würde, ist offensichtlich. Wir werden also weiter daran arbeiten müssen, die fruchtbare Spannung zwischen den gegensätzlichen Polen von Bewegung und Institution, von Figur und Grund (= Feld) aufrechtzuerhalten.

Wenn Kunst den Kriterien der Nutzer genügen soll

Gestaltung der Lichtkörper
und das chilenische Wandbild im
Universitätsbereich

Ausgangspunkt unserer kritischen Überlegungen zu Bremens Denkmalen war bekanntlich eine Ausstelung der Universität und der mit ihr in Zusammenhang stehende Katalog »Kunst im Stadtbild« mit dem Untertitel »Von Kunst am Bau zu Kunst im öffentlichen Raum«. In dieser Veranstaltung der Universität wurde zugleich das Konzept gesucht und dargestellt, das dem Reformanspruch des Bremer Universitätsmodells in ästhetischer Hinsicht korrespondieren sollte. Dabei wurde ausdrücklich auf die Rede von Bürgermeister Koschnik verwiesen, wonach das Grundprinzip dieser Universität »die Realisierung der Universität als Instanz kritischer Bewußtseinsbildung gegenüber gesellschaftlichen, politischen und ökonomischen Prozessen und wechselseitiger Beeinflussung aller gesellschaftlichen Gruppen« sein solle.

Frage an unser Zeitalter

Der Anspruch, der vorgetragen wird, ist hoch – seine Realisierung gewiß mit großen Schwierigkeiten verbunden, die insbesondere schon darin liegen, daß hier ein Programm entfaltet wird, ohne die Frage ernstlich aufzuwerfen, ob die bereitstehende künstlerische Potenz und die Grunddisposition des gegenwärtigen Zeitalters ihm überhaupt gerecht werden können. Die Verantwortlichen sind sich dieses Faktums auch bewußt, worauf vielleicht teilweise auch der Entschluß zurückzuführen ist, auch weiterhin »objektverfeinernde Kunst« zu praktizieren, nicht zuletzt im Hinblick auf manche monoton gestalteten Fertigteilbauten, auch im Rahmen der Universität. Aber derartige Maßnahmen sind gewiß die letzten der Sorgen der Macher im Universitätsbereich. Deren Initiativen gehen vielmehr in eine ganz andere Richtung, die eine geistig-ästhetische Auslegung der Grundhaltung der Universität zum Gegenstand hat.

Die primären Forderungen lauten hier, daß zunächst »Kunst für alle verständlich sein (muß)« und daß sie dann aber auch »mehr bewußtseinsbildenden als kompensatorischen Charakter haben« solle. Diese bewußtseinsbildende Tendenz, die offensichtlich im unübersehbaren Widerspruch zur geforderten Allgemeinverständlichkeit der Kunst steht, soll ausdrücklich eine »kritische Einschätzung der gesellschaftlichen Realität« bewirken und damit die Bewußtseinslage vorbereiten, die zu einer »Veränderung dieser Realität im Interesse benachteiligter Gruppen« führen kann.

Es werden für alle diese Maßnahmen dann ziemlich wahllos und ohne erkennbare Systematik Kriterien vorgeschlagen, die keineswegs wissenschaftlicher Analyse entsprungen sind. Sie werden ausdrücklich als »Kriterien der Nutzer« gekennzeichnet, und in nachstehender Reihenfolge geordnet: Das Produkt soll »nicht geschmäcklerisch« sein, es soll »nicht funktionshemmend« wirken, sondern vielmehr »funktionsfördernd durch visuelle Kanalisierung und Orientierung« sich entfalten können. Daß es sich hierbei nicht um ästhetische Kategorien handelt, ist offensichtlich, aber wohl auch so gemeint. Wir wollen auch nicht auf die Widersprüche der Thesen eingehen – das geschah bereits in anderem Zusammenhang an dieser Stelle –, sondern die Frage aufwerfen, wie dieses Programm im Rahmen der bisherigen künstlerischen Projekte verwirklicht wurde.

Als Beispiel nehmen wir die Gestaltung der Lichtkugeln innerhalb des Zentralbereichs der Universität. Sie sollten, was ja im Wesen von Lichtkuppeln liegt, vor allem funktionellen, dann aber auch einen dekorativen Charakter haben. Hierbei ergaben sich allerdings einige Konflikte mit dem Bauordnungsamt, die dazu führten, daß ein Teil der Lichtkuppeln wegen der erhöhten Brandgefahr (Kunststoffmaterial) aus den Mensaräumen entfernt werden mußte. So ergab sich eine Verwendung mit Vorrang innerhalb der breiten Flurbereiche, die zur Erschließungszone für Mensa und Cafeteria gehören.

Lichtkörper
in der Universität Bremen

Zuviel der Eindrücke

Nun ist hier aber eine ausreichende funktionelle Beleuchtung bereits vorhanden und eine weitere Gliederung der Untersichten der Decken über diesem Bereich, eine optische »Bereicherung« innerhalb dieser Flure ohnedies nicht erforderlich, vielmehr völlig überflüssig und sogar störend, da längst ein Zuviel an Eindrücken auf die Nutzer einstürmt. Da scheint dann die Kritik eines solchen Benutzers nicht ungerechtfertigt, wenn er anmerkt (laut Katalog!): »Die Unsummen, die die Kinkerlitzchen gekostet haben, hätte man sinnvoller der AStA zur Verfügung gestellt, um die studentische Selbstverwaltung effektiver zu machen.« Der Mann hat recht. Mit Ausnahme einer Möglichkeit, die der Rezensent bisher noch nie genutzt sah: daß diese Lichtkuppeln abends und nachts wie große Riesenblumen über den Steinwüsten der bewegten Dachlandschaften sich erhöben. Dann würde wenigstens eintreten, was ein anderer meint: »Die Lichtschächte bieten wenigstens noch Stimmung . . .«

Man muß nur bedauern, daß diese langsam verschmutzenden Dinger sinn- und zwecklos von der Decke hängen. Bedauern muß man aber auch, daß gerade in diesem Teil über den breiten Fluren schwerstgewichtige Regenschirme in Gestalt gewaltiger Stahlbetonkonstruktionen errichtet wurden: Denkt man an die Leichtigkeit und Eleganz der Stahlkonstruktionen über so vielen Ladengalerien des 19. Jahrhunderts (in Mailand, in Brüssel usw.), an ihre Helligkeit und Möglichkeit zur ästhetischen Durchformung bei wesentlich geringerem finanziellen Aufwand, so kann man gewiß die Schuld für das Versagen nicht allein bei den Künstlern suchen.

Fade Illustration

Während Katalog und Ausstellung gestartet wurden, war ein Projekt, damals zwar schon geplant, noch nicht ausgeführt. Es handelt sich um das große Wandbild im Zentralbereich, das von einer Gruppe chilenischer Künstler in Zusammenarbeit mit Studenten der Universität ausgeführt werden sollte. Hierbei wird nun die Forderung nach Darstellung der gesellschaftlichen Realität benachteiligter Gruppen in besonderer Beziehung zum »antifaschistischen Kampf der Chilenen in Verbindung (gesetzt) mit der faschistischen Vergangenheit und deren Bewältigung in Deutschland«. Was kann man dort nun sehen?

Das langgestreckte Wandbild ist in drei Gruppen gegliedert: links offenbar eine Gruppe von Demonstranten, in der Mitte Menschen, Kinder und gesichtslose Gestalten (die also ihrer individuellen Menschlichkeit beraubt wurden) hinter Stacheldraht im Konzentrationslager, rechts wieder eine aktive, zur Handlung rufende Figur. Die zentrale Gruppe, Sinnbild also faschistischer Gewaltanwendung, wird umfaßt von einer braunen, bluttriefenden Hand. Die Symbolik ist einfach, in der Tat für alle verständlich.

Ist das nun, von der verbalen Erfüllung der Thematik einmal abgesehen, die Verwirklichung des Konzepts der Universität? Genügt diese fade Illustration den Ansprüchen ihrer Macher? Denkt man daran, was Picasso an symbolischer Aussage in »Guernica« – kaum weniger allgemeinverständlich! – erreichte, denkt man an das, was hier ein Matta, ein Wilfredo Lam oder auch einer der Südamerikaner, etwa Orozco, aus dem Thema gemacht hätte, so wird man begreifen, was hier, gerade im Sinne der Absichten der Universität, versäumt wurde.

Abgesehen davon, daß man sich die verbale Ausarbeitung des Programms etwas logischer aufgebaut wünschte, womit dann Widersprüche und unsinnige Begriffsbildungen wie »soziale Wahrnehmung« unterblieben – warum bedient man sich bei den Planungen denn nicht des sonst so beliebten Projektstudiums, das fächerüberschreitenden Charakter hat? Vielleicht wären dann verbale Formulierungen vermeidbar, die nur den Erkenntnisprozeß behindern, da nun einmal wahr ist, daß wir alle mehr mit den Worten (Begriffen) als mit den Augen sehen. Und das ist kein Paradox.

Eines der ältesten Beispiele moderner Fußgängerzonen

In den architekturkritischen Beiträgen, die aus Anlaß des BDA-Preises 1974 veröffentlicht wurden, war auch von mehreren Gesamtkomplexen — dem Schnoorviertel und dem Werdersee-Komplex — die Rede. Einer der bekanntesten, wenn nicht der bekannteste und zugleich – das mag manchen auf den ersten Blick verwundern – auch der aktuellste, ist die Böttcherstraße in Bremen. Von ihr soll daher die Rede sein. Dies auch mit gewissen geschichtlichen Rückblicken, wenn auch zunächst das gegenwärtige Bild der Straße im Vordergrund stehen soll.

Was die Böttcherstraße so aktuell macht, ist die Tatsache, daß in ihr schon vor Jahrzehnten gestattet wurde, was erst im letzten Jahrzehnt der Entwicklung unserer Städte für fast alle eine Selbstverständlichkeit geworden ist, nämlich die Herauslösung eines reinen Fußgängerbezirkes. Wir kennen eine ganze Reihe von mittleren Städten, die dadurch ihr Gesicht entscheidend verändert haben. Mindestens Oldenburg, Celle, Verden und Lüneburg mit ihren Fußgängerzonen sind jedem Norddeutschen bekannt. Der unmittelbare Zugewinn an breiter Kommunikation, an Öffentlichkeit dieser Stadtteile und die Vorzüge, die die Entwicklung gerade für den Mittel- und Kleinhandel bedeutet, sind so offensichtlich, daß sie nirgends mehr bestritten werden.

Innere Einheit der Raumfolge

Die Böttcherstraße mag wohl eines der ältesten Beispiele für eine derartige Lösung sein. Dabei ist sie zwar der Initiative eines einzigen

Die Böttcherstraße in Bremen

Mannes zu verdanken, des Kaffeehändlers Ludwig Roselius, der recht munter in seinen im Verlag G. A. v. Halem 1932 erschienenen »Reden und Schriften zur Böttcherstraße in Bremen« davon erzählt, doch sie ist keineswegs nach systematischen Gesichtspunkten entwickelt und aus der Hand eines einzigen Architekten allein hervorgegangen. Im Gegenteil: Gerade die Mischung ganz verschiedener Tendenzen und die doch am Ende bewirkte innere Einheit ihrer Raumfolgen machen heute den besonderen Reiz der Straße aus.

Zur Zeit ihres Entstehens – etwa ab 1926 – war sie eigentlich ein architektonisches Fossil: Damals entstand gleichzeitig die Weißenhofsiedlung in Stuttgart (1927) unter Beteiligung von Architekten aus aller Welt, die gleichsam das große Siegesfest des Funktionalismus auf europäischem Boden feierten. Ein Siegesfest, das dann in Deutschland mit dem Jahre 1933 endete, aber unabsehbare Folgen für die Entwicklung der Weltarchitektur hatte. Entsprechend giftig, zumindest gespalten, war auch die Kritik an dem großen Unternehmen von Ludwig Roselius, zu dessen Verwirklichung er so grundverschiedene Architekten wie Bernhard Hoetger sowie Scotland und Runge heranzog.

Deutsche Backsteinrenaissance

Fassen wir, um diese Kritik besser zu verstehen, zunächst in einem kurzen Spaziergang durch die Straße summarisch zusammen, was sich dort dem verweilenden Auge bietet. In der Tat eine Vielfalt von Systemen der Architektur, eine Unzahl von Strukturen in rhythmischer Hinsicht, die für den in ästhetischem Urteil ungeübten Laien eine eher verwirrende Vielfalt von Formelementen aufweist. Dennoch sorgt eine Einheit in der Wahl und teilweise auch der Gruppierung verschiedener Materialien für Übereinstimmung und Ruhe, Backstein, Sandsteinbänder und Sandsteingewände sind beherrschend. Aber darüber hinaus gibt es eine große Zahl von Stiltendenzen.

Folgen wir etwa chronologisch dem Ablauf der Ereignisse, so bietet sich das 1923/24 entstandene »Haus des Glockenspiels« (Runge und Scotland) als eine gemäßigte, Themen der deutschen Backsteinrenaissance aufnehmende historisierende Architektur dar. Das älteste Haus der Böttcherstraße jedoch, das einzige echt historische, das 1926 in alter Form als Museum unter dem Namen »Roselius-Haus« wieder errichtet wurde, ist ein Bürgerhaus der deutschen Renaissance. Im gleichen Jahre (1926) entsteht dann der erste, die ganze Straße erst begründende Baukomplex mit dem HAG-Haus (Runge und Scotland), einem Backsteinbau ,der sich des großen Klosterformates bedient und im übrigen aus der Formensprache der sogenannten Weserbacksteinrenaissance erwachsen ist.

Charakteristisch und funktional ungemein einsichtig der flach abgedeckte Bogengang, welcher Wetterschutz und ruhiges Verweilen beim Shopping gewährt. So weit hatte sich der Bauherr Roselius also durchaus nach alter »Vater Weise« verhalten und dem bodenständigen Historismus des 19. Jahrhunderts ein neues und höchst anständiges Bett bereitet. Nun aber wollte er mit seinem Wunsch nach Vielfalt – eigentlich hätte jedes Haus ein anderer Architekt bauen sollen – endlich einmal andere Wege gehen.

Um dem Wunsch des Bremer Künstlerbundes nach sachgemäßen Ausstellungsräumen und einem gut belichteten Bildersaal zu entsprechen, beauftragte er den Bildhauer (und Liebhaberarchitekten) Bernhard Hoetger mit der Planung des Paula-Becker-Modersohn-Hauses (1927!). Das erweckte nun allerdings ein Pro und Kontra, gegen das der Streit um das Parlamentsgebäude am Markt, an den sich viele Bremer noch erinnern werden, wie ein sanftes Säuseln wirkte. Zwar hatten sich Hans Poelzig und Peter Behrens für Hoetgers »materialgerechtes Bauen« eingesetzt, auch Fritz Schumacher stimmte den fabelhaften Leistungen der Handwerker zu, wandte sich aber doch gegen das »Raffinement, die Verzettelung und struktive Unnatur des Gebäudes«.

Andere drückten sich noch schärfer aus. Und selbst ein Laie wie Manfred Hausmann fühlte sich berechtigt, vom Gegensatz der »feinen und zarten Seite von Scotland und Runge« zur »wilden und rücksichtslosen Seite« der Hoetgerschen Fassaden zu sprechen. Belustigt liest man auch die Eskapaden von Richard Hamann. Oder Werner Hegemanns, des berühmten Berliner Kritikers, hämische Erwägung: »... die ... Geldmittel dagegen sind unerschöpflich dank der doppelten Geschäftsweisheit ihres großzügigen Spenders, der Kaffeebohnen entgiftet, um den kastrierten Überrest an Leute mit gereizten Nerven und das gewonnene Gift an Fabrikanten von Nervenreizmitteln zu verkaufen.« Derart hielten sich Zuspruch und Widerspruch die Waage.

Hoetgers Haus Atlantis

Im gleichen Jahre wie das Paula-Becker-Modersohn-Haus entstand auch das Haus St. Petrus, das sich eines gotischen Formenrepertoires bediente, welches sich im Augenblick mit der unter dem Durchgang angebrachten Glasbilderwerbung von August Welp etwas merkwürdig ausnimmt. Sicher spricht er dennoch vom Willen des Urhebers nach Vielfalt. Eines der interessantesten, in seiner ursprünglichen Gestalt leider durch Kriegseinwirkung verschwundenen Häuser war das 1930/31 errichtete Atlantis-Haus von Hoetger. Während sich in seinem ersten Bau Stilelemente des damals noch virulenten deutschen Expressionismus mit nachwirkendem Jugendstil mischten, gelang hier eine heute noch unerhörte Symbiose zwischen Jugendstil und funktionellen Tendenzen, die historisch einzigartigen Wert hätte. Leider ist nichts mehr davon zu sehen, nur noch die Dachkonstruktion des Hauses Atlantis, unter der sich der ebenfalls in ursprünglicher Gestalt noch erhaltene Himmelssaal befindet.

Derjenige Teil, vor dem sich der große Lebensbaum (in Holz) als plastisches Gebilde vor einer Backstein-Fachwerkfassade erhob, ist völlig verschwunden und durch die an sich überzeugende Flächenornamentik des Bildhauers Mataré ersetzt. Den Abschluß bildeten schließlich das 1931 von dem Architekten V. Weyhe mit L. Roselius errichtete Robinson-Crusoe-Haus, das sich wieder mehr den traditionellen

Das ehemalige Haus »Atlantis« in der Böttcherstraße

Stilformen des Bremer Backstein-Bürgerhauses der Renaissance näherte, wobei der eine nach der Martinistraßenseite gewandte Giebel auch moderne Momente zur Geltung bringt.

Im ganzen eine aufregende und wohlgelungene Komposition, auf deren architektonische Einzelheiten wir im folgenden Artikel eingehen wollen, um uns abschließend mit einigen hervorragenden noch erhaltenen Innenraumgestaltungen zu befassen.

Zum Schluß sei unseren Lesern ein Votum des Urhebers dieser einzigartigen Straße nicht vorenthalten, das Bekenntnis und resignierende Einsicht zugleich sein mag, wenn Ludwig Roselius über seinen Architekten Hoetger sagt: »Man hüte sich, mit ihm zu bauen, keine anständige Baupolizei kann die Genehmigung zu solchem Unsinn geben.«

Ludwig Roselius »warnte« die Baupolizei vor Hoetger

Das Paula-Modersohn-Becker-Haus und das alte Atlantis-Haus

In Hoetgers Architektur, die das eigentlich bewegende Moment in die Böttcherstraße einbringt, mischen sich die Aktivitäten des Malers, vor allem aber die des Bildhauers, mit den Aufgaben des Architekten. Das erste Werk des Architekten, in dem der Bildhauer maßgeblich zu Wort kommt, ist das 1926/27 auf den Grundmauern früherer Häuser (der alten Böttcherstraße, mit deren Abbruch bereits 1924 begonnen wurde) errichtete Paula-Modersohn-Becker-Haus. Obwohl man diesen Komplex also eher als eine Art Umbau betrachten muß, sind doch die Energie und die Einbildungskraft des Bildhauers Hoetger in einem Maße wirksam geworden, daß man von einer absoluten Neugestaltung sprechen kann.

Dies gilt in einem sehr allgemeinen Sinne: In dem ganzen Bereich der damaligen deutschen Architekturentwicklung, die uns vor kurzem durch die Neuauflage von Walter Müller-Wulckows Werk »Architektur der zwanziger Jahre in Deutschland« erst eigentlich wieder zugänglich geworden ist, läßt sich kein vergleichbares Bauwerk nachweisen. In der Mischung expressiver Elemente mit solchen des Jugendstils stellt das Paula-Modersohn-Becker-Haus nicht nur etwas Neues, sondern wohl auch etwas Einmaliges dar. Natürlich waren die professionellen Architekten in ihrer Reaktion auf diesen Bau gespalten. Wir erwähnten im ersten Aufsatz schon die vorsichtig negative Aussage Fritz Schumachers und die positiven Stellungnahmen von Hans Poelzig und Peter Behrens — beide aber waren auch ausgesprochen künstlerisch orientiert und begabt, was man von der Mehrzahl der anderen Kritiker nicht sagen kann.

Poelzig betonte gerade das, was Schumacher kritisch sah — die mehr als phantasievolle Behandlung des Backsteinmaterials —, als besondere Leistung. Er qualifizierte sie mit dem damals virulenten Schlagwort der Werkbundarchitektur als »materialgerecht«. Das mag freilich umstritten bleiben, denn man könnte hier durchaus, was Materialgerechtigkeit angeht, dem Votum von Schumacher folgen, der gerade hierin einen Verstoß gegen diesen geheiligten Titel sah: Die plastisch die Wand auflösenden, sehr lebendig gestalteten Backsteinflächen bieten zweifellos dem Wetter und seinen zerstörenden Momenten erheblich größere Angriffsflächen als eine glatte, dem simplen Reißbrettverfahren entsprechend ausgebildete Wand. Und der reine Funktionalist mag hierin das von Ludwig Roselius etwas ironisch konstatierte Zurückweichen der Baupolizei begründet sehen: ... »keine anständige Baupolizei kann die Genehmigung zu solchem Unsinn geben.«

Kein Zweifel: Die Wandgestaltung wird immer höhere Unterhaltsaufwendungen erforderlich machen als eine normale Wand. Ist damit aber bereits künstlerisch der Stab über sie gebrochen? Man wird im Gegenteil froh darüber sein müssen, daß der sonst doch ausgezeichnete Rechner Roselius sich auf ein so waghalsiges Unternehmen eingelassen hat. Die Leistung Hoetgers, die sich in ähnlicher Weise auch in dem Worpsweder Kaffeehaus wiederholt, ist als souverän und voll geglückt zu bezeichnen.

Diese plastischen Wandreliefs konnten wohl kaum ganz auf dem Reißbrett entstehen, sondern mußten auf der Grundlage eines generellen Plans in den Einzelheiten an Ort und Stelle konzipiert werden. Und das ist kein Verstoß gegen ein heiliges Baugesetz. Auch Ragnar Oestberg war in Stockholm beim Bau des Stadhuset schon vor Hoetger entsprechend verfahren — und oft nicht weniger kühn und sorglos sich über konventionelle Vorstellungen hinwegsetzend. Hoetger wird wohl auch mal den Polier am Bau zu Wort haben kommen lassen.

Was es mit der Kritik der orthodoxen Professionellen so auf sich haben kann, erlebte der Rezensent einmal vor den gotischen Backsteinflächen eines Baues in Verona. Da hatte man doch das regelmäßige Muster des nach orthodoxem Verband hergestellten Backsteinmauerwerks noch mit einem zwar gedämpftfarbigen, aber deutlich die Backsteinstrukturen überdeckenden strengen geometrischen Ornament übermalt! Und es sah einfach wunderbar aus. Der Rezensent hat sich diese Lektion zu Herzen genommen: Alle sogenannte »Theorie« versagt vor der Anschauung, das jedenfalls im Rahmen der zahllosen ästhetischen Theorien. So auch bei Hoetger. Niemand, der Augen hat, zu sehen, wird die überzeugende Reliefstruktur in diesen Backsteinflächen übersehen können, die diesen Teil der Böttcherstraße in den Rang eines architekturgeschichtlichen Monuments erheben.

Brunnenhof und Eingang
zum Paula-Modersohn-Becker-Haus

Parabolische Kuppel
des Hauses »Atlantis«

Die zweite, heute leider verlorengegangene Meisterleistung Hoetgers stellte das Haus Atlantis dar (mit dem Restaurant »Martini« im Erdgeschoß), das die Unbefangenheit und den Weitblick des Mannes kennzeichnet. Wir kennen es nur noch aus Fotos — auch der Rezensent hat es nie in seiner unverletzten Gestalt gesehen. Hier wurden nicht die traditionellen Baustoffe verwandt, sondern Stahl, Stahlbeton und Glas in einer souveränen, der Phantasie Raum gebenden Gestalt, in die Hoetger mit großem Scharfblick als Kontrast zu den glatten Fensterbändern der Fassaden auch industriell hergestellte Glasbausteine und damit kontrastierende, reich reliefierte Brüstungselemente einbezog. Die kupferverkleideten Stahlbinder, die ohne Unterbrechung in die parabolischen Binder über dem Himmelssaal übergingen, gaben diesem Bau das strukturelle Gerüst. Die Treppenhauswand, die sozusagen als »Scheibe« vor den eigentlichen Funktionsteil gelegt war, folgt dem Formenvokabular der Hauptfront mit innerer Logik: Die beiden »Ohren«, die das Treppenhaus nach oben abschließen und den Übergang zur vorgesetzten runden Scheibe vermitteln, stehen in einem vollkommenen Einklang mit den parabolischen Bögen der Saalkonstruktion.

Die Zerstörung des Atlantis-Hauses

Der der Fassade vorgehängte hölzerne Lebensraum unterstrich besonders eindringlich die räumlich-plastische Souveränität dieses Künstlers: eine Verknüpfung von Konstruktion, Raum und Gestalt, die wir auch an vielen anderen Stellen wiederfinden. Sieht man sich demgegenüber die heutige moderne, durch den Bildhauer Mataré 1965 in eine endgültige Gestalt gebrachte Fassade an, so bemerkt man mit besonderem Bedauern, daß die parabolischen Binder keinen rechten »Stand« mehr auf dem Gesims finden: Ihr Ansatz kann keineswegs befriedigen. Das ist nicht die Schuld Matarés, für den sich vielmehr die schon vorher umgearbeitete Wand des Treppenturmes zusammen mit der Fassade des Hauses Atlantis als neues Problem der Flächengestaltung stellte.

Matarés Lösung

Mataré hat diese an sich ungestaltete, große, in sich beziehungslos geordnete Fläche mit einem Backsteinornament in ruhiger teppichhafter Gestaltung überzogen, die keinerlei Anleihen bei seinem Vorgänger versucht und doch eine reich strukturierte Lösung bringt. Er hat unter den gegebenen Umständen das beste aus der Sache gemacht, wenn auch beim Vergleich des Fotos von damals mit der heutigen Wirklichkeit der nicht wiedergutzumachende Verlust durch die Zerstörung des ursprünglichen Hauses deutlich genug wird. Immerhin hat Mataré gezeigt, welche Möglichkeiten im Backsteinornament stecken. Darüber hinaus hat er mit diesem Beispiel eine Theorie des Ornaments ad absurdum geführt, die Adolf Loos einst kritisch gegen die überwuchernde Jugendstilornamentik entworfen hatte. Daß diese Theorie einem rigoristischen Mißverständnis entsprang, beweisen viele gelungene Versuche Hoetgers. Wir werden nicht nur diese Frage, sondern vor allem die Raumkonzeption des Künstlers in einem dritten Beitrag untersuchen.

Flucht in die Geborgenheit

Bernhard Hoetgers Innenräume

Bei unseren Überlegungen zur Architektur der Böttcherstraße hatten wir bisher vor allem die plastisch-strukturellen Züge in der Architektur Hoetgers untersucht. Ausgespart wurde dabei die den Ideen Hoetgers zugrundeliegende Raumauffassung, die innerhalb der hier zu betrachtenden Bauten zu untersuchen ist.

Meistens wird vom eiligen Besucher der Böttcherstraße gerade diese sehr eigentümliche Struktur seiner Raumfassung, die sich zudem in zwei voneinander verschiedenen Abschnitten äußert, verständlicherweise übersehen. Man kann oft feststellen, daß zum Beispiel die Besucher des Café Worpswede, in dem diese Raumstruktur besonders sinnfällig wird, von diesem eigentümlichen Charakter überhaupt nichts bemerken, obwohl er grundlegend für die »Gestimmtheit« der Räume ist.

Nennen wir gleich zu Anfang den Begriff, der solcher Raumvorstellung entspricht: es ist die Höhle. Was die Höhle charakterisiert, ist vor allem die Aufhebung der Differenz zwischen Wand und Decke. Das zweite, oft schwerer bemerkbare Charakteristikum ist der unregelmäßige Grundriß, den man später, etwas mißverständlich, »organisch« genannt hat. Das dritte Merkmal, nicht weniger wichtig, ist das aus dem unregelmäßigen Umriß der Räume folgende Ineinandergleiten ihrer inneren Abläufe, die Aufhebung der rationalen Raumtrennung zugunsten eines kontinuierlichen Raumflusses.

Vergleich zum barocken Raum

Der Kenner der Architekturgeschichte wird bemerken, daß zwei der genannten Merkmale auch für den barocken Raum gelten: der Raumfluß (innerhalb des deutschen Spätbarocks unter dem Terminus »Raumverschmelzung« bekannt) — und die Aufhebung der Raumtrennung, beides zwei Seiten derselben Tendenz. Der entscheidende Unterschied zum Barock ist dessen Rationalität: Die »organische« Gestaltung barocker Kirchen, etwa der Wallfahrtskirche in Vierzehnheiligen von Balthasar Neumann, beruht auf streng rationaler, von mathematischen Strukturen bestimmter Grundriß- und Aufrißbildung. In Vierzehnheiligen wird der axiale und symmetrische Grundriß von drei Ellipsen und zwei Kreisen bestimmt, die sich in der Deckenkonstruktion logisch spiegeln und die Verschmelzung von Decke und Wand mittels höchst komplizierter, doch genau konstruierter Bögen vermitteln.

Nichts von derartiger Rationalität in der »Höhle«, die das Raumdenken Hoetgers bestimmt. Wenn man sich an das Café Worpswede erinnert, wird man bemerken, daß von der Zentralhöhle sich einige kleinere Nebenhöhlen abspalten, die fließend ineinander übergehen,

Bilder der Wendeltreppe
im Hause »Atlantis«

ohne daß ein rationales System erkennbär wäre. Das macht aber auch den geistigen Unterschied zwischen Höhle und barockem Raum aus. Diese ist eher Ausdruck eines Rückzuges, einer Flucht in die Geborgenheit, von uns Spätlingen aus gesehen auch des eher romantischen Rückgangs auf »Ursprünge«, auf Primitives, sei es, um dem eigentlichen »Historismus« zu entrinnen oder positiv der modernen technischen Zivilisation eine Absage zu erteilen.

Beispiele der Höhlenarchitektur

Kehren wir zur Böttcherstraße zurück. Das erste Beispiel solcher Höhlenarchitektur ist gleich der Eingangsraum zur Kunstschau. Von ihm aus gelangt man im Erdgeschoß zum Kunstgewerbeladen, auf den Innenhof mit der Töpferwerkstatt, der Goldschmiedewerkstatt und dem Glasladen. Über eine interessante Treppe kommt man dann zu der im Obergeschoß gelegenen Kunstschau. Diese Eingangshalle hatte früher mehr als heute Höhlencharakter, da die Decke in ihrer plastischen Form viel stärker den Übergang aus der Wand vollzog. Davon abgesehen aber ist der Höhlencharakter vollkommen erhalten, auch dadurch, daß der Übergang zu den anderen Räumen durch einen irrationalen »Fluß« der Wände vermittelt wird, deren Grundriß ganz irregulär verläuft. Das gleiche gilt auch für den Grundriß des Kunstgewerbeladens, obwohl diese Tatsache heute durch die eingebauten Möbel verdeckt wird.

Ähnliche Grundrißpositionen findet man innerhalb des Bereichs der modernen europäischen Architektur nur in Spanien bei Antonio Gaudi und in Deutschland bei Hans Poelzig. Es mag daher durchaus sein, daß man bei genauerer Nachforschung der Reisewege Hoetgers auf der Iberischen Halbinsel den Einfluß Gaudis nachweisen könnte. Gaudi war bereits 1926 gestorben, in einem Jahr also, als man mit dem Bau der Böttcherstraße eben erst begann. Und Hans Poelzig hatte seinen berühmtesten Höhlenbau, den Umbau des ehemaligen Berliner Zirkus Schumann in Max Reinhardts Großes Schauspielhaus, bereits 1919 verwirklicht. Er hatte aus dem ehemaligen Zirkus eine stalaktitenartig verkleidete Komposition von Raumhöhlen gemacht, die ein derartiges Theater als Fluchtraum aus der ordinären Zivilisationswelt in die Zauberwelt des Theaters einmalig erscheinen ließ.

Ähnliches war ihm gelungen bei dem schönsten jemals gebauten Kinoraum: dem »Capitoltheater« am Zoo. Poelzig zwar blieb rationaler, dem Barock näher, doch ebenso wie Gaudi und Hoetger einem Traum verbunden, der auf tiefere Ursprünge verwies. Das zeigt eindeutig die Lebensgeschichte eines Genies wie Gaudi, der mit Bauten wie der Schule der »Sagrada Familia« und der »Casa Milá« in Barcelona Zeichen für das gesetzt hatte, was viel später als Gegenthese zum reinen Funktionalismus als »une architecture autre« (eine andere Architektur) bezeichnet worden ist. Eine Architektur, die wesentlich Plastik und Höhlenraum war und in abgewandelter Form in den neueren Tendenzen der sogenannten »organischen Architektur« wiederkehrt.

Hoetger gehört mit einigen anderen zu ihren Vorläufern. Dabei ist festzuhalten, daß der Eingangsraum zur Kunstschau der »expressiven«

Periode des Künstlers angehört, in die sich noch Jugendstilelemente mischen, dies vor allem in den Details. Auch Poelzigs Schauspielhaus entstammt dessen expressiver Periode. Sie gab er dann später zugunsten einer »sachlicheren« Orientierung auf.

Poelzig spendete Beifall

Die stärker von den konstruktiven Grundlagen her bestimmte sachliche Wendung findet sich jedoch auch bei Hoetger, der im übrigen für seine Bauten gerade bei Poelzig Beifall fand. An erster Stelle steht unter diesen Bauabschnitten der Böttcherstraße das noch in seiner ursprünglichen Gestalt erhaltene Treppenhaus zu den Kammerspielen im Haus Atlantis, das in seiner Mischung von Stahlbetonkonstruktion mit jugendstilartig verarbeiteten modernen Glasbauelementen und einer etwas modisch orientierten Form der Beleuchtungskörper heute sicher eines der interessantesten Architekturmonumente aus den zwanziger Jahren darstellt. Auf kreisrundem Grundriß erhebt sich eine gewendelte Treppe, frei in den Raum gehängt.

Die Treppe hat ein wunderbar bequemes Steigungsverhältnis und vermittelt ein Raumerlebnis, das mit der Konstruktion und den teils funktionalen, teils dekorativen Wandgestaltungen überzeugend wirbt. Die Glasbausteine, die die umgehende kreisrunde Wandschale auflösen, sind bestimmend für diesen bei aller konstruktiven Sachlichkeit phantastischen Raumeindruck.

Aber Hoetger hat überdies an funktionale, dabei gleichzeitig dekorative Details gedacht, die höchst menschenfreundlich anmuten: In die Betonstufen sind runde Glasbausteine eingelassen, die selbst bei sehr schwacher Beleuchtung ein sicheres Begehen möglich machen. In den an die Podeste anschließenden knappen Erschließungsfluren sind teilweise noch die originalen Deckengestaltungen Hoetgers erhalten, deren letzte größere in dem ehemaligen Café sonst als einzige von diesen Gestaltungen nach dem Kriege noch intakt geblieben war. Sie hat später dem Umbau des Restaurants weichen müssen.

Glasbausteine bilden das Gewölbe

Von dem Treppenhaus kann man in den sogenannten »Himmelssaal« gelangen. Von parabolischen Bindern überwölbt und zwischen den Bindern durch ein Gewölbe von Glasbausteinen – blau und weiß – überdacht, vermittelt er einen zwischen Phantastik und Konstruktivismus sich haltenden Eindruck. Der etwa 13 mal 15 m große Saal ist heute der Sammlung einiger plastischer Arbeiten und einiger Bilder von Hoetger gewidmet, normalerweise aber dem Publikum nicht offen. Er stellt in allen Einzelheiten eine durchgebildete Raumkonzeption dar.

Mit den voranstehenden Überlegungen ist nur ein geringer Teil des Ganzen umrissen. Die Gegenwart mit ihren verschiedenen Neuschöpfungen wurde zunächst ganz ausgeklammert – und das, was sich als die wohl gegenwärtigste Aktivität der Böttcherstraße kennzeichnen ließe. Die wechselnde Gestaltung der Fassaden zum Parkplatz dieses Instituts hin mußte ganz außer Betracht bleiben, weil wir unsere Aufmerksamkeit auf den zeitgeschichtlichen Kontext der alten Böttcherstraße konzentrierten. Vielleicht hat dabei mancher Leser erfahren, wie sehr Architektur »Geschichte erzählen« kann, wie sehr eine Stadt für den, der es zu lesen gelernt hat, ein großes Buch ist, dessen einzelne Kapitel ihre Straßen und Plätze, dessen Sätze die Gebäude sind: die Welt spiegelnd in ihrer Kontinuität und ihrem Wandel.

Orientierung an der letzten Domveränderung

Zum Problem der Denkmalspflege
Überlegungen zur inzwischen aufgenommenen Erneuerung der Schaperschen Ausmalung von St. Petri

Die Baukunst ist sicherlich die umfassendste der Künste: Sie begleitet den Bürger täglich im Ablauf seiner Geschäfte, und sie hat zugleich die umfassendste »Sprachkompetenz«, da sie ein allgemeinverständliches, international übergreifendes Idiom spricht – vorausgesetzt, der vorübergehende Betrachter liest auch, was an geschichtlichen und ästhetischen »Aussagen« an den Gebäuden, Straßen und Plätzen zu bemerken ist. Doch auch dann, wenn sich ihm nur ein allgemeiner »Stimmungsgehalt«, eine Atmosphäre, vermittelt, die jede ältere Stadt zu einer unverwechselbaren Individualität macht, ist Architektur über ihren praktischen Nutzen hinaus nicht nur ein Vehikel ästhetischer, sondern auch sozialer Vermittlung. Und Denkmalspflege hat damit ebenfalls über das Ästhetische hinaus eine heute von breiten Schichten begriffene »soziale Funktion«.

Keine einheitlichen Positionen

Geht man nach diesen Bemerkungen an das Problem der Erhaltung und des Schutzes von qualifizierten Baudenkmälern heran, so ergibt sich eine Reihe grundsätzlicher Fragen: Woran soll sich der mit der Erhaltung beauftragte Denkmalspfleger orientieren? Im Durchschnittsfall hat er es bei einem historischen Bauwerk immer mit einer Art symphonischen Zusammenklangs verschiedener Stilepochen zu tun. In der Beantwortung dieser Frage hat es keineswegs von Anfang an einheitliche Positionen gegeben.

Während der Zeit nach Ende des Historismus in der Architektur hatte sich die Tendenz durchgesetzt, etwaige Erneuerungen nach modernen Prinzipien, also ohne jede Rücksicht auf den alten Bestand, vorzunehmen oder – bei mehr historischem Bewußtsein – auf den »ursprünglichen« Bestand zurückzugehen. Diese Tendenz konnte dazu führen, ein in der Periode des Barocks umgestaltetes Bauwerk wieder auf einen früheren Zustand zu reduzieren und das auch in früheren Perioden zeitweise gültige Prinzip der Werk- oder Materialgerechtig-

Der Umbau des Bremer Domes

keit in modernem Sinne wieder einzuführen. Solcher Modernismus in der Denkmalspflege, allzu radikal angewandt, hat aber zu erheblichen, unabwendbaren Verlusten geführt.

Soll man nun bloß restaurieren oder doch, nur im Einzelfall, wo nötig und möglich, Neues wagen? Wenn die Darstellung der geschichtlichen Kontinuität im Bauwerk eines der zentralen Ziele jeder Restauration sein soll, um Kontinuität im Volksbewußtsein zu verankern, wo soll man ansetzen? Gemäß der Erkenntnis Rankes, daß jede Geschichtsepoche unmittelbar zu Gott sei, hat man sich entschieden, daß Ausgangspunkt jeder Restauration das historisch letzte Glied der Veränderung sein müsse.

Für den Bremer Dom betrifft das hinsichtlich seiner Ausmalung die Arbeiten von Hermann Schaper aus Hannover, der den Auftrag für die Domausmalung bei der damals fälligen Erneuerung von Franz Schütte erhielt. An der nach dem Kriege fälligen Restauration und teilweisen Umgestaltung des Doms wird seit Jahren gearbeitet. Es waren am Anfang auch Tendenzen wirksam, die einen Rückgang bis auf romanische Formen in Erwägung zogen, soweit sie noch erkennbar und innerhalb des Gesamtprojekts durchführbar erschienen.

Diese Ansätze sind unterbunden worden. Die Denkmalspfleger haben sich durchgesetzt und die Wiederherstellung des Zustandes nach der Schaperschen Neugestaltung zur Grundlage des Verfahrens der Ausmalung gemacht. Damit hat denkmalspflegerische Kompetenz über solche ästhetische Erwägung gesiegt, die Kritik an einzelnen Lösungen Schapers übte. Der Bremer Fall wird damit zu einem exemplarischen Beispiel. Denn die Differenz zwischen denkmalspflegerischer und ästhetischer Kompetenz braucht sich ja nicht auf den Unterschied zwischen der Betrachtungsweise von Architekten und Kritikern einerseits und der des Denkmalpflegers als Funktionär andererseits zu beschränken – der immer mögliche Konflikt zwischen beiden Kompetenzen kann sich auch in die Person des Denkmalspflegers selbst verlagern. Wenn er nämlich auftragsgemäß seine Kompetenz als Denkmalspfleger ins Spiel zu bringen hat, aber zugleich über die ästhetische Kompetenz verfügt, um die Schwächen der historischen Lösung zu erkennen.

Meistens kann sich der Denkmalspfleger dabei auf direkt vor Augen liegendes oder doch in verwandten Bereichen noch auffindbares Material für seine präzisen Wiederherstellungsforderungen stützen, er kann beweisen. Im ästhetischen Bereich sind Beweise indes kaum oder nur in seltenen Fällen möglich.

Beweiskraft des Ästhetischen

Im Falle der Domausmalung gibt es allerdings einen Punkt, in dem nach Meinung des Rezensenten eine der Beweiskraft nahe kommende Nachweismöglichkeit für die Schwäche einer bestimmten Lösung aus ästhetischer Kompetenz möglich erscheint. Bei der Bemalung gewisser Pfeilervorlagen und Bogenflächen hat sich Schaper eines geometrischen Ornaments bedient, dessen grundlegende Rechteckelemente in wechselseitiger Verflechtung einen teppichhaften Eindruck anstreben, aber nicht erreichen.

Der künstlerische Mitarbeiter der ausführenden Malerfirma Berchem aus Essen, der Maler Schlüter, hat einen überzeugenden Entwurf vorgelegt, in dem, unter Beibehaltung der grundlegeden Strukturen des Schaperschen Entwurfs, gewisse Einzelheiten zugunsten einer mehr teppichhaften Wirkung eliminiert werden. Schaper hat zusätzlich zum Grundornament noch Kreise und Quadrate ins Spiel gebracht und sie durch Vergoldung betont herausgehoben. An dieser Stelle entsteht praktisch nun der aus der Differenz von denkmalspflegerischer und ästhetischer Kompetenz vorprogrammierte Konflikt.

Was Schaper gemacht hat, steht zweifellos fest. Der Denkmalspfleger hat damit hinreichende und auch für ihn als Amtsperson, nicht als Person, bindende Richtlinien des Handelns. Architekt und Kritiker stehen dagegen auf einem anderen Standpunkt. Der Kritiker meint, daß man an Hand der von Wolfgang von Wersin hinreichend klar ausgearbeiteten Problematik des Ornaments (in: »Das elementare Ornament und seine Gesetzlichkeit«) wohl überzeugend das Unzureichende der Schaperschen Lösungen erkennen, ja, nahezu beweisen kann. Dennoch bleibt unstreitig, daß auch diese Lösung ein historisches Dokument (wenn auch vielleicht ein problematisches) ist. Es muß also der restaurativen Lösung zwangsläufig zugrunde gelegt werden.

Recht der Gegenwart

Dennoch darf die Frage erlaubt sein, ob das schärfere kritisch-ästhetische Urteil der Gegenwart ganz ausgeschaltet werden sollte. Wenn man jedenfalls die die teppichhafte Flächenwirkung zusätzlich zerstörende Vergoldung wegläßt, die eine lineare Komponente hineinbringt, hätte man später möglichen Einwänden genügt. Gewiß mag das Gold zur Brillanz dieser Malerei beitragen. Aber doch auf Kosten des Ganzen eines architektonischen Kontinuums, das an anderen Stellen des Doms sich auch in der Wiederherstellung der Malerei Schapers später einmal glänzend präsentieren wird.

Daß die Verantwortlichen in der Bremer Denkmalspflege sich offensichtlich gegen ursprüngliche Absichten in der Hauptsache mit ihrem Konzept durchgesetzt haben, muß nicht bedeuten, daß alle Einzelheiten der Konzeption vor der Kritik geheiligt sind. Kein Zweifel: Was Schaper in der Ausmalung des Klosters Fischbeck a. d. W. geleistet hat, was er im Aachener Dom, in der Erlöserkirche in Bad Homburg, in der Kaiser-Wilhelm-Gedächtniskirche in Berlin und der Auferstehungskirche in Jerusalem zur damaligen Szene beigetragen hat, verdient Beachtung und Respekt.

Der Roland zu Bremen

Vielleicht hat das rote Land Rolands Namen bestimmt

Deutungsversuche am Riesen von Bremens Rathaus

Wie manch andere der bremischen Bildwerke und Standbilder ist der Roland auf dem Bremer Marktplatz nicht in den Katalog »Kunst im Stadtbild« der Bremer Universität aufgenommen worden. Vielleicht hat sein allzu großer Bekanntheitsgrad das überflüssig erscheinen lassen, vielleicht hielt man auch eine historisch-kritische Einordnung dieses Standbildes in den Gesamtkomplex des Themas für zu schwierig.

In jedem Falle ist er ein markantes und weit über die Grenzen der Bundesrepublik hinaus bekanntes Bildwerk, das als »Zeichen im Raum« seine vielseitigsten Funktionen hat. Man trifft sich dort, man läßt sich zu Füßen des Riesen fotografieren und man hinterläßt dort gar, ohne sich vor der etwaigen Majestät zu fürchten, mit Kreide geschriebene Bemerkungen, die auf die Frage: Kunstwerk oder nicht? eine Antwort zu versuchen scheinen. Jedenfalls las dort der Rezensent vor kurzem noch die Frage eines Ausländers: »David, where are you?« Das könnte ein Hinweis auf ein anderes weltbekanntes Bildwerk in Florenz sein, den David des Michelangelo, mit dessen künstlerischer Manifestationskraft der Bremer Goliath vor dem Rathaus in der Tat nicht zu vergleichen wäre.

Mehr Mythos als Individuum

Er ist weniger eigentliche individuelle Person als ein Mythos. Man fragt bei ihm nicht nach dem Schöpfer, man nimmt das Bildwerk von vornherein als symbolisches Zeichen für mancherlei Dinge, die der Stadt Bremen und den vielen anderen Städten, in denen ähnliche Standbilder errichtet wurden, wichtig waren.

Bei der Frage nach dem Sinn dieser Symbolfigur wußte der Referent, daß er bei der Betrachtung dieses Standbildes als Kritiker in der falschen Position wäre. Unstreitig ist der Dargestellte eine eindrucksvolle Figur, deren ästhetische Form klar einer allgemeinen Idee Ausdruck gibt: der der Festigkeit und Standhaftigkeit, des sicheren, wenngleich doch offenbar unreflektierten Glaubens und Wissens und der steten Bereitschaft zum Einsatz für bestimmte Werte – auch mit dem Schwert. Das alles ist leicht ablesbar und bedarf keines Deutungsversuchs.

Jedoch die Frage stellt sich: wofür der Roland steht und einsteht? Darauf kann eine ästhetische Analyse nicht antworten. Der Kritiker muß sich auf die Schulbank setzen und den Historiker befragen. Auf der Suche nach derartigen Grundlagen wurde bald klar, daß Rolandstatuen im Wesentlichen im niederdeutschen Raum beheimatet sind, aber gelegentlich auch an anderer Stelle, etwa in Nordhessen, Halle und sogar in Ragusa auftauchen. Immerhin: Über die Frage nach Ursprung und Bedeutung konnte bisher unter den Forschern noch kein Einverständnis erzielt werden. Rudolf Stein bemerkt in seinem Werk über »Romanische, gotische und Renaissance-Baukust in Bremen«, daß es als sicher gelten könne, daß er ein Wahrzeichen für Rechte und Stadtfreiheiten sei, die auf kaiserliche oder königliche Privilegien oder auch erworbene Sonderrechte zurückgehen. Stein meint auch, daß der Name erst im 12. Jahrhundert möglich geworden sei – nach Bekanntwerden des Rolandliedes.

Das wurde etwa um 1100 in England von einem Normannen verfaßt und 1131 von dem Pfaffen Konrad frei in Deutsch nachgedichtet. Das Gedicht ist eine Verherrlichung des Neffen Karls des Großen als eines bis zum Tode treuen Ritters und Vorkämpfers des christlichen Glaubens. Da Karl der Große 1165 heilig gesprochen wurde, gewann auch wohl die Gestalt seines Paladins an Gewicht.

Freiheitsverkünder

Andere sehen diese Dinge jedoch wieder anders. Carl J. Burckhardt, der bedeutende schweizerische Historiker, bemerkt in seinem Vortrag anläßlich der Säkularfeier des Germanischen Nationalmuseums zu Nürnberg (am 9. August 1952), daß »unsere Frieden und Freiheit verkündenden Rolandstatuen« daran erinnerten, daß seit dem Sieg der europäischen Ritterheere im Jahre 732 (Schlacht bei Poitiers) über den Statthalter des Kalifen in Spanien der europäische Gegendruck gegen die islamische Einkreisung begonnen habe. Damit aber wurde dann erst die entscheidende Voraussetzung für das Entstehen neuer Städte in Deutschland geschaffen.

Allerdings – das vollzieht sich nach dem Untergang so vieler römischer Stadtgründungen als Folge des Zusammenbruchs des Weströmischen Reichs in unseren Landen erst mit oder nach dem Beginn der großen Rodungen, die um das Jahr 1000 herum einsetzten. Nun, mit Beginn der romanischen Hochkultur – St. Michael in Hildesheim wurde etwa um 1000 gebaut – setzt auch eine Neuentfaltung der städtischen Kultur ein. Die Städte wurden allmählich wieder das, als was Herder sie später gekennzeichnet hat: die Heerlager der Kultur. Ihre langsam wachsenden ökonomischen und finanziellen Kräfte, aus dem gesteigerten Güteraustausch gespeist, schufen diejenigen materiellen Voraussetzungen, auf denen sich die eigentliche mittelalterliche Hochkultur aufbauen sollte.

Hüter alter Rechte

In solcher Hochkultur standen die Städte bald als geistige und politische Mächte neben der Kirche und dem Territorialfürstentum. Die oberdeutschen Städtebünde zur gemeinsamen Sicherung der erworbenen Stadtrechte und Stadtfreiheiten sind Ausdruck dieser Sachlage. Dieselbe Funktion hatte der Bund der Hansestädte, wobei die Sicherung der Handelsinteressen noch zusätzliche Bedeutung gewann.

Bremen nun führt nach Denkmalspfleger Stein seine Rechte von jeher auf Karl den Großen zurück, und damit wäre Roland ganz einfach der Hüter dieser auf Karl zurückgehenden Rechte. Stein räumt allerdings auch ein, daß diese Berufung auf Karl freie Erfindung sein könne. Dann bekämen andere Deutungsversuche größeres Gewicht. Auch Stein selbst meint, daß der Roland nicht nur als Wahrzeichen für die vom Kaiser Friedrich Baraborssa 1186 zugestandene Zollfreiheit für die Bremer Kaufleute im gesamten Bereich errichtet worden sei. Damals war er noch aus Holz. Erst nach 1366, nach seiner Verbrennung bei einem Aufstand der Knechte des Erzbischofs wurde er in Stein erneuert. Der Erzbischof, als Landesherr, war zum Gegner der Stadt geworden und betrachtete die Verbrennung als Zeichen des Sieges. Schon daraus ergibt sich, daß der Roland, als »Zeichen im öffentlichen Raum«, immer als wichtig angesehen wurde.

Symbol für Gerichtsbarkeit?

Es gibt aber anders orientierte Deutungen als die bisher erwähnten. Herbert Meyer will das Standbild als Gerichtssäule verstehen. Der Pfeiler, vor dem der Roland steht, sei das Symbol für den altgermanischen Gerichtspfahl. Er nimmt an, daß die westfälische Bezeichnung einer Stätte des Femegerichts als »rote Erde« der niedersächsischen Bezeichnung »das rode land« entspreche. Daraus sei dann durch Lautverschleifung der mißverständliche Name Roland entstanden. Vielleicht hat diese Vermutung manches für sich, da einige Unwahrscheinlichkeit darin steckt, die Bezugnahme auf die Schlacht von Poitiers als Ausgangspunkt für die Namen- und Sinngebung zu setzen.

Eher könnte man vermuten, daß eine dritte Deutung, die das »rode land« als gerodetes Land auffaßt, einiges Gewicht hätte, da mit dem Beginn der großen Rodungen auch das erste Startzeichen für die Neugründung der Städte im deutschen Bereich gesetzt wurde.

Unmöglich an dieser Stelle alle Deutungsversuche auch nur zu nennen. Sicher scheint aber, daß die Rolandstandbilder etwas mit den Stadtrechten und Stadtfreiheiten zu tun haben. Das mittelalterliche Losungswort »Stadtluft macht frei« hat eine umfassende politische, anthropologische und kulturelle Bedeutung. In diese Bedeutungsregion ragt auch der Roland auf dem Marktplatz als ein »Kunstwerk im öffentlichen Raum« hinein.

Die Hals-Nasen-Ohren-Klinik der Bremer Krankenanstalten

Weshalb historische Bauten erhalten werden müssen

Anmerkungen zum geplanten Abriß der Hals-Nasen-Ohren-Klinik – Ältester Komplex der Krankenanstalten

1975 war das »Internationale Jahr des Denkmalschutzes«. Die Welt war sich – diesmal einig in Ost und West – dessen bewußt geworden, was in weltumfassenden kriegerischen Auseinandersetzungen verloren gegangen war. Die Zerstörung der wichtigsten Lebensvoraussetzungen, die in Straßen – und Platzräumen menschlichen Daseins in der Stadt erst die realen kommunikativen Grundlagen geben – das ist kein Spaß der Historiker mehr und einiger weniger Ästheten.

Niemand ist heute noch erlaubt, derartiges nicht zur Kenntnis genommen zu haben. Dabei wäre es völlig falsch, sich, wie in Bremen so oft, mit der »guten Stube« des Marktplatzes zufriedenzugeben. Die Bürger dieser Stadt haben in allen ihren Teilen den gleichen Anspruch, in ihrem Bereich das erhalten zu wissen, was nicht nur – im Sinne des technischen Denkmalschutzes »historisch wertvoll« ist, sondern, was einen unerläßlichen Beitrag dazu leistet, der Öde funktioneller Bauleistungen abzuhelfen. Um so mehr, wenn in den Randbereichen die Substanz allmählich knapp geworden ist.

Im übrigen hat das rein historische Argument auch sein Recht: gerade die Stadt ist ein Gebilde, das seine Identität zwar mit den Zeiten wandelt, aber gerade in diesem Wandel in der Erhaltung historischer Substanz ein überdauernd Menschliches festhalten muß, das – mit den Worten Ernst Blochs – einen Vorschein auf das eröffnet, was dem Menschen »Heimat« bedeutet.

In Bremen besteht Anlaß genug, über diese elementare Sachlage in der städtischen Baupolitik nachzudenken. Der Schlachthof liefert dazu Anlaß. Und: Der Gesundheitssenator und seine von ihm bevollmächtigten Beamten sind – wie bereits ausführlich berichtet – drauf und dran, ein Bauwerk von bedeutender historischer und ästhetischer Substanz abzureißen: die als erstes Bauwerk der städtischen Krankenanstalten in der St.-Jürgen-Straße in den Jahren 1847 bis 1850 von Oberbaurat Alexander Schröder errichtete Hals-Nasen-Ohren-Klinik soll zugunsten eines technisch sicher besser funktionierenden Neubaus verschwinden.

Die Auseinandersetzungen zwischen dem Gesundheitssenator und den zuständigen Stellen des Senators für Wissenschaft und Kunst sind seit einiger Zeit im Gange und stehen vor ihrem entscheidenden Abschluß. Die Argumente sind von beiden Seiten vorgelegt worden, ohne daß eine Einigung bisher erfolgte. Die letzte Diskussion endete mit dem fast diktatorischen Statement der Gesundheitsbehörde, daß es keine Alternative zum vorliegenden Entwurf für einen Neubau (der den Abbruch der alten Komplexe impliziert) gäbe und daß man überdies in dieser Frage die absolute Priorität vor der Denkmalspflege beanspruche.

Im übrigen hatten die Architekten des Neubaus dem Gesundheitssenator und sich selbst den Rücken gestärkt mit der Feststellung, daß der Entwurf so »ausgebufft« sei, daß man ihn keinesfalls umdisponieren könne. Wenn dies Argument wirklich ernstgemeint wäre, zeugte es nur von Nichtkönnen und von einer durch und durch mangelhaften Vorstellung davon, was man unter »Entwurf« zu verstehen hat. Verständlich, daß es bequemer ist, einen Neubau auf alter Stelle zu errichten. Aber ist es auch ökonomisch sinnvoll?

Das alte Gebäude ist – ganz abgesehen von seinem historischen und kommunikativen Wert – in seiner konstruktiven Substanz (im Mauerwerk) durchaus intakt, wenn auch gewisse Mängel, erzeugt durch fehlende Sorgfalt bei der Unterhaltung vor allem im Inneren (Decken), nicht zu übersehen sind. Aber rechtfertigt das den Abriß?

Ohne die sicher von den befugten Fachleuten des Denkmalsamts dem Gesundheitssenator vorgetragenen historisch gewichtigen Argumente zu diskutieren, sei doch auf den eigentlich architektonischen Rang des alten Bauwerks noch einmal genauer eingegangen. Seine städtebaulich wichtige Stellung in der Achse der Humboldtstraße, durch den Baumbewuchs meist verdeckt und daher übersehen, bleibe dabei ganz außer Betracht. Der Kritiker meint aber, mit dem Blick allein auf die architektonische Struktur, daß mit dem Abbruch ein Werk vernichtet würde, für das es in keinem Falle einen Ersatz geben kann – es sei deutlich gesagt: in keinem Falle. Ohne den Entwurf für den Neubau gesehen zu haben, sei festgestellt: er kann nie die besonderen Qualitäten des alten Baus erreichen. Warum? Einfach deshalb, weil in den alten Bau ein Maß von handwerklicher und ästhetischer Qualität investiert ist, das heute weder Maurer noch Architekten zur Verfügung haben.

Man sehe sich daraufhin doch einmal dies Werk des klassizistischen Rundbogenstils aus der Mitte des 19. Jahrhunderts genauer an! Die Sorgfalt, mit der die Proportionen entworfen und durch eine handwerkliche Arbeit von hoher Qualität realisiert wurden, ist erkennbar an den Einzelheiten. Klare Trennung der Geschosse durch gemauerte Rollschichten, genaueste Überlegtheit bei der Ausführung der Bögen und Stürze und eine höchst elegante Lösung des Hauptgesimses. Die Ausführung des Brüstungsmauerwerks unter den Fenstern des Vorbaus zeigt die liebevolle und plastisch vorbildlich gelöste Detailarbeit sehr eindrucksvoll. Ein Bau ohne Schwulst, voller Klarheit und elegantem Charme. Den will Bremen vernichten?

Baudenkmalpflege und Stadtkultur

Anmerkungen zum Wiederaufbau
der Stadtwaage
und des Rokokogiebels Schlachte 31 B
(Sparkassenhaus am Markt)

Es bedurfte nicht des »Internationalen Jahres des Denkmalschutzes«, um mit dem Wiederaufbau wertvoller historischer Bausubstanz zu beginnen. Es bedurfte ebenso wenig einer allgemeinen Nostalgiestimmung und eines gewachsenen Umweltbewußtseins, um für die Erhaltung solcher Kulturwerte der Stadt mit Erfolg zu werben. Es gab, Jahrzehnte vor 1975, dringendere Gründe, um ganze historische Stadtteile in ihrer ursprünglichen Gestalt und wortwörtlich bis zur letzten Dachgaube genau wiedererstehen zu lassen. Für den Wiederaufbau der Altstadt von Warschau, der sehr früh und unter großen materiellen Opfern jedes einzelnen Polen begonnen wurde, war das politische Bewußtsein maßgebend, durch entschlossene Akte allgemeinen Opfers an die Bedeutung eines baukünstlerischen nationalen Besitzes zu erinnern, der wie kein anderer das politische Zeichen der nationalen Identität Polens war. Noch schärfer prägte sich dieser politische Behauptungswille Polens beim ebenso wörtlichen Wiederaufbau Danzigs aus. Es galt zu zeigen, daß Danzig auch zur Zeit der deutschen Herrschaft eine polnische Stadt gewesen war: der Wiederherstellung wurde der Stellenwert eines großen Arguments im Umschreiben der Geschichte gegeben. Eine ähnliche Bedeutung hatte die Wiederherstellung des Petershofs bei Leningrad: auch sie war Ausdruck des wiedergewonnenen Nationalbewußtseins der Russen, das Stalin unter dem Druck der drohenden Niederlage wieder erweckt hatte, ohne der Theorie des internationalen Kommunismus auch nur das geringste Zugeständnis zu machen: auch die Werktätigen aller Länder brauchen eben eine Heimat und die großen baulichen Metaphern, die dem »großen vaterländischen Krieg« eine Basis im unterirdisch immer wirkenden Nationalbewußtsein geben. Nichts beweist stärker als diese Tatsachen die Bedeutung von Baugestalten für die Bewahrung der geschichtlichen Kontinuität: wer sie leugnen will, kämpft immer gegen die eigene Basis zugunsten einer fremden. So wundert es nicht, daß das internationale Jahr des Denkmalschutzes (1975) lange vorher in seinen Zielen von bewußt geschichtlich handelnden Männern Bremens vorwegenommen wurde.

Hier soll an zwei Beispielen diese Situation erörtert werden, die bis in unsere Tage hinein die Geister herausforderte: wir erinnern nur an den bis heute noch nicht entschiedenen Streit um Abbruch oder Neuwidmung und dadurch bedingte Restauration der alten Hals-Nasen-Ohren-Klinik im Bereich der Krankenanstalten in der St.-Jürgen-Straße.

Erinnern wir an den Wiederaufbau der Stadtwaage und an die Wiederverwendung des Rokokogiebels Schlachte 31 B als Domizil für das Sparkassenhaus am Markt.

Die »Stadtwaage« in der Langenstraße

Dabei sollen die zeitgeschichtlichen Vorgänge hier nicht in ihren Einzelheiten erörtert werden, da für beide Bauten hinreichend umfassende literarische Darstellungen vorliegen, die einen derartigen Versuch erübrigen. Hier sollen die architekturkritischen Perspektiven in den Vordergrund gerückt werden, die bei beiden Bauten wirksam werden können, da bei beiden ganz bestimmte Teile aus zwingenden Gründen einer gewissen Modernisierung nicht entzogen werden konnten.

Betrachtet man unter diesem Gesichtspunkt die Giebelfront der Sparkasse am Markt und vergleicht man den ursprünglichen Zustand mit dem Wiederaufbauergebnis, so darf man eine makellose Leistung feststellen, die dem Bauherrn angesichts der damit verbundenen Kosten für immer zum Ruhme gereicht. Nur eine kleine Einzelheit ist in diesem Bereich verändert worden: die Gestalt der Eingangstür mit dem neuen Treppenaufgang. Der Aufgang hat wegen der hier überwiegenden Zweckbestimmung zu keinen Diskussionen Anlaß gegeben. Wohl aber die Gestaltung der Tür, deren Höhe zugunsten eines größeren Oberlichtes verringert wurde. Aber Widerstand erregt vor allem die wohl vom Bauherrn geforderte Gestalt dieser Tür als Ganzglastür ohne Rahmen. Das veränderte zwar ein historisches Detail, entsprach aber der neuen Zweckbestimmung des Gebäudes als einer Zweigstelle der Sparkasse in Bremen. Über die Positionen in diesem Streit wird verschiedene Auskunft gegeben. Eberhard Gildemeister, der Architekt des Wiederaufbaus, fragte mich damals, wie ich denn diese Ganzglastür fände: ich bestätigte ihm, daß sie keine Beeinträchtigung des Gesamtcharakters des Giebels bedeute, daß aber die durch sie erfolgende größere Öffnung des Hauses nach außen seinen öffentlichen Charakter betone und damit sinnfällig die neue Funktion des Hauses in unauffälliger und doch deutlicher Form ausdrücke. Dies Urteil hat sich bis heute wohl allgemein bestätigt. Anders steht es mit der neuerrichteten Seitenfront an der Langenstraße. Niemand, der diese Front in der Übereckrichtung sieht, in der Seitenfront und Giebel zugleich gesehen werden können, wird sich einem zwiespältigen Eindruck entziehen können. Die durch einen vorgezogenen Sandsteinteil zusammengefaßten Säle im Erd- und 1. Obergeschoß erlangen im Verhältnis zum Giebel ein viel zu großes Gewicht, sind auch in ihrer maßstäblichen Gestaltung durch eine einer früheren Mode entnommenen Fensterteilung nicht günstig. Man kann aber genau sehen, was hier hätte getan werden müssen: Verzicht auf die Betonung durch die Sandsteineinfassung, Verzicht auf die Zusammenfassung der Saalteile, Verzicht auch auf die Geschoßgliederung durch eingelegte Sandsteinbänder. Das Einfachste – die flächenbündige Einordnung der Fenster, ohne Rücksicht auf dabei in Kauf zu nehmende Asymmetrien – wäre das Beste gewesen, wie sich auch an anderen Beispielen nachweisen ließe. Wie feinsinnig und unauffällig eine leichte Rahmung von Sandstein bei Einzelausbildung der Fenster im Backsteingefüge der Wand gelöst werden kann, das zeigt bis heute das Beispiel nebenan: die Renaissan-

Die Sparkasse
am Markt

cefassade des Rathauses von Lüder von Bentheim. Man könnte ironisch sagen: jeder kennt sie, niemand hat sie gesehen.

Wenige Schritte weiter sind wir beim Prachtgiebel der Renaissance der alten Stadtwaage, heute ebenfalls eine Zweigstelle der Sparkasse und mit gleichem Aufwand und gleicher Liebe zum Detail ohne Scheu vor den Kosten wieder aufgebaut. Auch hier bestehen keine Einwände gegen die Methode der Wiederherstellung: auch die Seitenfronten gliedern sich glücklich in den historischen Charakter der Hauptgiebelfassade ein. Anders steht es allerdings mit dem rückwärtigen Giebel. Man muß allerdings froh sein, daß der Vorschlag eines Treppengiebels in modisch-dekorativem Betonrahmen — einem Vorschlag von Professor Kraemer (Braunschweig) — nicht ausgeführt wurde. Ich bin überzeugt davon, daß der feinsinnige Erbauer vieler guter Industriekomplexe heute selbst glücklich darüber ist, daß sein Vorschlag unter den Tisch fiel. Aber, was an seine Stelle trat, verdient keineswegs hohe Anerkennung. Auch hier wurden zwei übereinanderliegende Säle nach außen in einem plastischen Ensemble zusammengefaßt: nichts Gutes, da damit ein einziger Saal vorgetäuscht wird. Immerhin scheint es, als ob ursprünglich die später ausgeführte Sandsteineinfasung nicht geplant war, als hätte ursprünglich die Absicht bestanden, hier auf die grobbrutale und viel zu sehr überdimensionierte Werksteineinfassung zugunsten einer Ausführung in Backstein zu verzichten. Leider hat man nicht fortgesetzt, was in den übrigen Teilen des Giebels — vor allem über der Saalfront! — in so vorbildlicher Einfachheit und Selbstverständlichkeit geleistet wurde: eine leichte Vertikalgliederung durch schwach vorgezogene Backsteinbögen. Das hätte nach unten hin nur fortgesetzt werden müssen. Die Lösung lag sozusagen vor der Haustür. Warum hat man sie nicht gefunden? Die Neigung zur dekorativen Überbetonung eines Einzelteils, eine architektonische Ursünde, war offenbar auch hier nicht zu bremsen. Man wollte wohl der »Bedeutung« der hinter den hohen Fenstern liegenden Räume — unten der Kassenhalle und oben des Vortragssaals — »gerecht« werden. Doch Kassenhalle und Vortragssaal sind einfache Zweckräume, an denen über die Erfüllung dieses Zwecks hinaus nichts Bedeutendes dran ist. Das Unverständnis für grundlegende Prinzipien der Baukunst hat hier leider zu einem Fehler geführt, der sicher hätte vermieden werden können. So muß man sich damit trösten, daß man immerhin das kleinere Übel wählte: der vorgeschlagene, als bloße »Fassade« vorgehängte Betonrahmengiebel wurde vermieden. Aber man hätte es doch besser haben können. Wenn man das für die Zukunft lernt und auch bei Neubauten nicht vergißt, könnten diese kritischen Anmerkungen von Wert gewesen sein.

Quellen-Verzeichnis

Bildnachweis

FOTOS

Die Fotos wurden mit freundlicher Genehmigung des Archivs der »Bremer Nachrichten«, der Verwaltung der »Böttcherstraße GmbH« und der Kunsthalle in Bremen aufgenommen, sofern sie nicht für diesen Band gesondert in Auftrag gegeben wurden.

Die Böttcherstraße Seite:	104 107(1, 2) 119(1, 2, 3) 173 176(1, 2, 3)
A. Buttmann	143 148 153 156 159 167
Rosemarie Fleischer	183
Jobst v. Harsdorf	17(2, 3) 163
Lothar Klimek	45(1, 2) 75(1, 2)
Leonhard Kull	53 62 69 78 94
Kunsthalle Bremen	88 90(1, 2) 93(1, 2, 3) 96(1, 2) 97(1, 2, 3, 4) 99 101(1, 2)
Volker Meyer-Burg	83
Jochen Mönch	35(1, 2) 39 57 60 65 72 81 170 186 194
Gerd Prüver	111 133 136 141
Walter Schumann	114
Stickelmann	93(4)
Klaus Warwas	12 17(1) 19 23(4) 26(1, 2, 3) 29(1, 2, 3, 4)
Hed Wiesner	190

VIGNETTEN

Mit freundlicher Genehmigung der Wissenschaftlichen Buchgesellschaft Darmstadt aus G. Binding · N. Nussbaum: Der mittelalterliche Baubetrieb nördlich der Alpen in zeitgenössischen Darstellungen
Seite: 14 15 16 18 21 22 25 27 28

12,- €